城市交通与国土空间利用互动评价方法与实践

马小毅 等 编著

人民交通出版社

北京

内 容 提 要

本书分为9个部分，分别为绪论、城市交通与国土空间利用互动研究沿革、城市交通与国土空间利用互动机理与评价模型体系、可达性理论发展和实践案例、基于"三生空间"的广州市可达性评价系统、节点-场所模型及其他相关理论与实践、自主研发的广州市协调性研究系统、城市交通与国土空间利用互动评价平台、总结与展望。

本书可供城市规划、交通工程相关技术人员参考，也可作为城市规划、交通工程专业拓展课教材。

图书在版编目(CIP)数据

城市交通与国土空间利用互动评价方法与实践/马小毅等编著.—北京：人民交通出版社股份有限公司，2024.12.—ISBN 978-7-114-20106-6

Ⅰ.U491.2;F129.9

中国国家版本馆 CIP 数据核字第202510XP93 号

Chengshi Jiaotong yu Guotu Kongjian Liyong Hudong Pingjia Fangfa yu Shijian

书　名：	城市交通与国土空间利用互动评价方法与实践
著 作 者：	马小毅　等
责任编辑：	钱　堃
责任校对：	赵媛媛　魏佳宁
责任印制：	张　凯
出版发行：	人民交通出版社
地　　址：	(100011)北京市朝阳区安定门外外馆斜街3号
网　　址：	http://www.ccpcl.com.cn
销售电话：	(010)85285911
总 经 销：	人民交通出版社发行部
经　　销：	各地新华书店
印　　刷：	北京市密东印刷有限公司
开　　本：	720×960　1/16
印　　张：	12.75
字　　数：	226 千
版　　次：	2024年12月　第1版
印　　次：	2024年12月　第1次印刷
书　　号：	ISBN 978-7-114-20106-6
定　　价：	79.00元

(有印刷、装订质量问题的图书，由本社负责调换)

PREFACE 前言

2019年底,我国常住人口城镇化率超过60%的分界点,达到60.6%,代表着我国城镇化进入下半场,国民经济和社会开始逐步由高速发展向高质量发展转型。在高速发展阶段,城市交通通过大规模的基础设施建设、载运工具技术的发展和交通组织水平的提高,支撑了城市的快速发展。进入高质量发展阶段,城市发展模式的转变对交通提出更高的要求:交通需要更加精准地与城市发展相结合。

2019年,《中共中央 国务院关于建立国土空间规划体系并监督实施的若干意见》(中发〔2019〕18号)(以下简称"18号文")正式印发,将主体功能区规划、土地利用规划和城乡规划等空间规划融合为统一的国土空间规划。国土空间规划以可持续发展为第一价值观。可持续发展的价值观在2017年获批的《北京城市总体规划(2016—2035年)》和《上海市城市总体规划(2017—2035年)》中有所体现:北京市提出用地减量提质和集约高效利用,上海市提出要实现规划建设用地总规模负增长。这标志着以"增量"为主的国内大城市发展道路开始转变。

国土空间规划体系的建立标志着规划职能从住房和城乡建设系统(简称"住建系统")转移至自然资源系统。曾经集城市交通规划、建设、运营、管理于一身的城市住建系统的交通职能被改变。城市交通规划既是城乡规划学科重要组成部分,又是交通工程学科重要分支,其既有定位面临着调整。在高速发展阶段,大规模的交通基础设施建设支撑了城市的快速发展,也在城市中形成了不少的"低效基建",给城市的正常运作带来较大的运维难度。

主体功能区规划和土地利用规划被纳入国土空间规划,为解决困扰业界多年的"交通与土地利用互动"难题创造了契机。2020年后,国民经济和社会发展规划开始较明确地兼顾远景,而综合立体交通网规划的出台则为城市交通与国土空间利用互动的增强提供可能,促进了国土空间规划体系内交通专项规划的形成。

广州是全国市级国土空间规划唯一试点城市。广州市交通规划研究院有限公司(以下简称"广交研")作为主要技术支撑单位之一,全程参与了国土空间规划的试点工作。在《广州市国土空间总体规划(2021—2035年)》编制过程中,随着对国土空间规划的认识越加深入,本书编写组深刻认识到:城市交通规划正在迎来改革开放以来第二次重大的学科与专业融合,迫切需要在生态文明的背景下,在"五级三类"的国土空间规划体系中重新寻找定位,以支撑我国城镇化下半场的高质量发展。本书编写组深感在规划改革试点工作中探索城市交通规划新路径、新方法的历史使命:广州试点成果提供的规划导向、技术创新有可能会对"18号文"提出的"到2025年健全规划法规政策和技术标准体系"产生影响,并引导城市交通规划学科和行业的发展。

在《广州市国土空间总体规划(2021—2035)》编制期间,广交研同步组织了两支团队:一是技术实践团队,通过创新编制方法,组织院内、外专业团队力量,广泛吸纳各学科的研究成果,形成具有广州特色的规划成果,完成广州市国土空间总体规划的交通专项;二是技术研究团队,在规划成果迭代的过程中,提炼城市交通规划的技术发展脉络,以期为城市交通规划学科和行业的发展提供参考。本书介绍了《广州市国土空间总体规划(2021—2035)》编制过程中,城市交通与国土空间利用互动评价方法的研究成果。

本书力求对国内外城市交通与土地利用的研究动态给予足够的关注,尽量将城市交通学界最前沿的研究成果融入书中。本书将大数据和模型分析技术纳入一个建立在国土空间规划新理念基础上的分析概念框架,从操作层面介绍城市交通与国土空间利用互动评价,指导城市交通和国土空间利用互动发展策略的优化,并在广州市国土空间规划体系的各个层级中开展实践与探索。本书既保留城市交通与土地利用理论研究的精华,又充分体现国土空间规划体系的特点,使内容尽可能系统、新颖、通俗易懂和规范。

参与本书编写的还有广交研金安、江雪峰、刘明敏、何鸿杰、黄靖茹等规划师。作者在此向所有参与本书编写的人员致以诚挚的谢意。本书得以出版,不仅要感谢人民交通出版社的帮助,更要感谢广州市"岭南英杰工程"的支持。此外,在本书编写过程中,参阅了许多专家、学者的著作和文献资料,在此也向相关作者表示衷心感谢。

本书难免存在不足,还望专家、学者及读者批评指正!

马小毅

2024年12月1日于广州

CONTENTS 目录

1 绪论 /001

1.1 国内城市交通规划与城市规划互动发展 ……………………… 001
1.2 国际城市有关城市交通规划与城市规划互动的经验 …………… 005
1.3 城市交通规划与国土空间规划互动的契机 ……………………… 006
本章参考文献 ………………………………………………………… 010

2 城市交通与国土空间利用互动研究沿革 /011

2.1 国外互动研究历程 ……………………………………………… 011
2.2 国内互动研究情况 ……………………………………………… 021
2.3 互动研究展望 …………………………………………………… 026
本章参考文献 ………………………………………………………… 029

3 城市交通与国土空间利用互动机理与评价模型体系 /034

3.1 国土空间分类的演变 …………………………………………… 034
3.2 城市交通与"三生空间"的互动机理 …………………………… 039
3.3 城市交通与国土空间利用互动评价模型体系 …………………… 043
本章参考文献 ………………………………………………………… 049

4 可达性理论发展和实践案例 /050

4.1 理论发展 ································· 050
4.2 计算方法 ································· 055
4.3 实践案例 ································· 060
本章参考文献 ······························· 077

5 基于"三生空间"的广州市可达性评价系统 /080

5.1 可达性评价模型 ······················· 080
5.2 基于"三生空间"的广州市可达性评价系统 ··· 087
5.3 评价系统在广州市国土空间规划中的应用 ····· 095
本章参考文献 ······························· 104

6 节点-场所模型及其他相关理论与实践 /105

6.1 节点-场所模型理论 ··················· 105
6.2 节点-场所模型实践 ··················· 110
6.3 其他分析方法与实践 ··················· 119
本章参考文献 ······························· 124

7 自主研发的广州市协调性研究系统 /129

7.1 协调性研究模型 ······················· 129
7.2 广州市协调性研究系统构建与校验 ··· 139
7.3 研究系统在广州市国土空间规划中的探索 ··· 141
本章参考文献 ······························· 145

8 城市交通与国土空间利用互动评价平台 /146

8.1 技术理论基础 ··························· 146

8.2 平台目标与需求 …………………………………………………… 160
8.3 平台框架与模块设计 ………………………………………………… 165
8.4 平台可视化模块 ……………………………………………………… 185
本章参考文献 …………………………………………………………… 191

9 总结与展望 /193

9.1 总结 ………………………………………………………………… 193
9.2 展望 ………………………………………………………………… 194

1 绪论

2019年5月,《中共中央 国务院关于建立国土空间规划体系并监督实施的若干意见》正式印发,将主体功能区规划、土地利用规划和城乡规划等空间规划融合为统一的国土空间规划,实现"多规合一",强化国土空间规划对各专项规划的指导约束作用。国土空间规划是国家空间发展的指南、可持续发展的空间蓝图,是各类开发保护建设活动的基本依据。建立国土空间规划体系并监督实施是国家新发展形势下的要求。主体功能区规划、土地利用规划、城乡规划急需转型,找到在国土空间规划体系中的合理定位,适时强化对专项规划的指导约束作用。虽然交通是各空间规划的共同要素,但传统的城市交通规划主要通过作为城市规划的重要专项规划发挥作用,因而在全新的国土空间规划体系中,城市交通规划面临着转型的挑战。"三区三线"的划定表明我国大城市整体上开始进入空间资源紧约束的发展状态。城市交通规划与国土空间规划的强互动具备了外部条件,急需完善和优化目前单向支撑的供需比分析方法,新增精准、以人为本的技术工具,实现城市交通与国土空间利用的协同发展。

1.1 国内城市交通规划与城市规划互动发展

1.1.1 城市交通职能管理的变迁

改革开放之初,我国城市的建成区规模普遍不大,交通工具相对单一、交通量较少,依靠工程措施就能在很大程度上解决交通问题。为了提高效率,一开始城市交通规划、建设、运营管理等职能基本都集中在城市建设系统内,其中,规划局负责用地审批及组织城市交通规划的编制,建设局负责城市道路交通基础设施建设,市政局负责城市公共道路设施的建设维护和公共交通的运营。随着我国城市发展水平的提升,机构职能开始调整,城市交通的建设、运营管理职能率先随着大交通管理模式的改革被归口到交通系统。以广州市为例,2010 年,原属于城市建设系统的城市道路、城市快速路路政管理和养护维修行业的监督管理职责、城市轨道交通运营管理职责等被划入广州市交通系统;2015 年,原属于城市建设系统承担的组织实施公路建设职责被划入城市交通系统;2019 年,广州市交通运输局已经基本实现了对运输行业的监督管理职责、城市道路和城市轨道交通等建设职责的整合,并承担了综合交通运输体系的规划协调工作。在全国范围内,2010 年后,北京、重庆、深圳、武汉等城市逐步建立了"一城一交"的综合交通管理体制,城市交通系统除承担对道路(城市道路和市郊公路)、水路、城市公交(含出租汽车)的行业管理职责外,还承担对城市内的铁路、民航等对外交通方式的综合协调职能。随着 18 号文的颁布,城市交通规划职能也在 2019 年从建设系统调整至自然资源系统。目前,建设系统对城市建设(包含交通等多个方面)承担"指导实施"的职责,如住房和城乡建设部(以下简称"住建部")承担"研究拟定城市建设的政策、规划并指导实施"的职能,省住建厅承担"指导城市建设"的职能。此外,由于基层机构精简的需求,在区、县层级的交通部门往往与住建部门合署办公。

1.1.2 城市交通规划的发展沿革

改革开放以来,伴随着我国城市的大规模建设,城市交通快速发展,交通供需矛盾越来越突出,城市交通规划的重要性日益凸显,城市规划越来越关注交通的支撑和引导作用。通过几十年的实践,综合交通规划已经成为大城市中与城市总体规划同步编制、互动反馈的关键专项规划之一。

(1)以交通工程学为起点进入城市规划体系

1979 年,周干峙、郑祖武、金经昌等城市规划界人士组织成立大城市交通规划学组,提出将交通规划与城市规划密切结合的综合治理理念。同年,张秋在同济大学举办交通工程讲习班,把交通规划相关的理论和方法引入我国,对我国交通工程学科的诞生起到重要的推动作用。随后,城市交通规划在我国逐渐发展为一门单独的学科,在 20 世纪 80 年代以来城市道路基础设施建设中发挥了重要的作用。1990 年 4 月 1 日起实施的《中华人民共和国城市规划法》(2008 年 1 月 1 日废止)明确规定了城市总体规划应当包括城市综合交通体系的内容。

(2)成为支撑城市空间拓展的主要因素之一

进入 20 世纪 90 年代,交通拥堵开始制约我国城市发展,"向外扩散交通体系、对内构筑立体交通实现交通的快速连续"成为一些大城市解决城市交通问题的主导思想。我国的城市化与机动化互相促进,城市交通成为支撑城市空间拓展的主要因素之一,城市交通规划的属性逐渐由工程性向战略性转变,引发了城市单独编制综合交通规划的需求。1992年,中国城市规划研究院与世界银行等合作,开展了"中国城市交通发展战略研究",并在1995年形成了对我国城市交通发展具有深远影响的《北京宣言:中国城市交通发展战略》。1993年,广州市开展世界银行贷款项目,在建立量化分析模型的基础上开展了"广州市交通规划研究";项目成果作为交通专项,被直接纳入了《广州市城市总体规划(2001—2010)》。

(3)地位渐趋法定,但与城市规划的互动仍然不强

2000年后,随着城市化、机动化的推进,我国的城市交通系统日趋复杂。在若干大城市综合交通规划成功实践的推动下,综合交通规划对城市总体规划的支撑力度日益增强。2005年12月,建设部发布的《城市规划编制办法》提出"城市总体规划应当明确综合交通、环境保护等专项规划的原则";2010年,住建部发布实施《城市综合交通体系规划编制办法》,提出城市综合交通体系规划应当与城市总体规划同步编制;2016年,《城市总体规划编制审批管理办法(征求意见稿)》(以下简称"征求意见稿")考虑到城市轨道交通对城市空间的特殊重要作用、城市轨道交通线网规划的复杂性和审批的特殊性,提出除了城市总体规划应与城市综合交通体系规划同步编制以外,城市轨道交通线网规划也应同步编制;2018年,住建部印发的《城市综合交通体系规划标准》(以下简称《标准》)进一步在技术层面明确了综合交通体系规划的编制内容和技术要求。"征求意见稿"和《标准》的发布提升了城市交通规划的定位。由于这个阶段城市规划的主要内容是扩大规模,所以城市对交通的要求是确保交通供给能够支撑开发规模。

另外,在交通评价方面,2000年2月,国务院办公厅转发了公安部、建设部《关于实施全国城市道路交通管理"畅通工程"的意见》。2003年,畅通工程评价体系提出,大型项目建设开发时进行交通影响分析的项目应达到95%以上。此后,以服务水平为主要评价指标的交通评价制度开始发挥重大作用。在控制性详细规划阶段,技术人员和决策人员对道路服务水平进行重点关注;一旦影响范围内的道路服务水平达到F级,就需要在详细规划中"调减"开发规模。

改革开放以来,城市空间格局依托交通规划中道路和公共交通两张网络展开,重大交通设施用地黄线和主干路以上道路红线被列为城市总体规划中的强制性内容,城市规划与城市交通规划在编制体系上实现了对接,具体如图1-1所示。但在影响城市总体格局的战略规划、总体规划层面,交通规划仅起到单向的支撑作用,

缺乏法定的、固化的流程，使交通规划不能从更高层面反馈城市规划。在已经实现两者间互动的详细规划阶段，也仅有供需比指标作为互动的技术工具。进入国土空间规划时代，"三区三线"划定后，城乡发展空间整体全面进入"存量时代"，需求端与供给端都出现拐点，城市交通规划与国土空间规划单向支撑、互动不强的模式将难以满足城市发展需求。

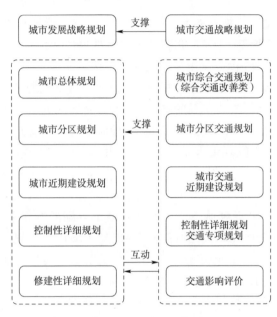

图 1-1 城市规划与城市交通规划编制体系

1.1.3 城市交通规划与城市规划互动不强的成因分析

城市交通规划与城市规划互动不强的主要原因在于以土地财政为主的城市运营模式下，无论是决策部门还是技术支撑部门，都缺乏研发支撑城市交通规划与城市规划互动工具的动力。从需求角度看，如果仅依靠底层的互动，就可使交通和土地管理部门都能够实现各自的政策目标，那么就没有必要增加互动的环节，这符合"奥卡姆剃刀"原理：如无必要，勿增实体。在高速增长阶段，我国人口总量快速增长、城镇化水平快速提高，建设用地供给充裕、交通基础设施建设加速推进。需求端和供给端的高速增长掩盖了许多真正重大的全局性规划问题。新建交通枢纽是否契合城市空间布局？某个新城需要怎样的交通设施支撑？这些本应通过定量空间推演、精细化分析，甚至构建一体化模型才能得到答案的问题，都被简化为定性分析,而且效果看似不错。

另外,从我国规划行业人员的知识结构来看,城市规划师缺乏数理背景,无暇关心交通问题,也缺少解决交通问题的技术手段,"未认识到交通对塑造城市空间和提升城市综合竞争力的巨大影响"。我国城市交通规划的发展历程可追溯到20世纪80年代初,最初带有浓重的"工程"属性,加之长期以来以工程思维解决城市交通问题的思路,使注重结果的交通规划与强调过程的城市规划在发展思路方面存在较大的区别。在发展初期,城市交通基础设施的"长期欠账"导致其建设对城市格局往往具有决定性影响。以哈尔滨、石家庄等"火车拉来的城市"为例,交通设施的布局直接塑造了城市的基本空间结构。最终城市规划师认为交通规划师土里土气、难以沟通,而交通规划师则认为城市规划师高高在上、纸上谈兵。无独有偶,20世纪60年代英国出版的《城镇交通》指出:"交通工程领域却很少关注车辆为什么需要移动,以及是否可以通过改变交通产生的原因使其不发生,或以其他方式发生。从理论上说,城市规划师能从更高的角度来研究这些问题,但由于城市规划与交通工程领域间长期存在的鸿沟,城市规划师从未有效地发挥过这项能力。"

1.2 国际城市有关城市交通规划与城市规划互动的经验

1963年,英国交通部发布《城镇交通》,将可达性、人居环境标准和物理改造投资成本确定为反映交通问题的三个主要指标。1968年,英国的《城市规划法》提出大型城市法定发展规划应增设交通规划作为强制内容。

柯林·布坎南(Colin Buchanan)在《城镇交通:关于城市地区长期交通问题的研究》中多次强调,英国土地资源短缺的严峻事实决定了交通与土地利用必须高度互动,同时他认为美国的城市蔓延问题迟早会达到一个需要考虑交通和土地利用协同的临界点。这一观点在多年后 J. M. 汤姆逊(J. M. Thomson)所著的《城市布局与交通规划》一书中得到了验证,书中这样描述美国西部城市洛杉矶:"他们没有把交通作为城市建设不可分割的一部分来规划,交通只能随着城市的发展而自行发展。1970年,洛杉矶中心区的面积已达到1202km^2。"机动化加速城市化的现象在我国城市发展过程中也有某种程度的体现,我国城市建成区面积从2000年2.2万km^2增长至2019年6万多km^2。其中,广州市辖区建成区面积从2000年298km^2增长至2019年1249km^2。

伦敦交通局（Transport for London，TfL）采用可达性指标相关方法来量化交通基础设施及服务的质量，其中公共交通可达性水平分析方法（Public Transport Accessibility Levels，PTALs）应用范围最广。该方法基于空间栅格数据，可定量化分析公共交通基础设施服务能力，从交通设施维度和时间维度来反映公共交通的可达性（主要包括步行到达公交站点的过程及在公交站点中的公交服务获取便捷性等）。2003年，英国要求地方交通机构在编制地方交通规划（Local Transportation Planning，LTP，属于法定规划）时，必须运用公共交通可达性分析方法评价公共交通可达性。

1.3 城市交通规划与国土空间规划互动的契机

1.3.1 国土空间规划体系的建立

党的十九大报告明确了政府机构和行政体制改革的三大方向，即机构设置要统筹考虑、统筹使用各类编制资源和使省级及以下政府拥有更多的自主权。从2017年开始，作为具有高度公共政策性的城市规划系统，也踏上了改革之路。

城市规划体系的转型时间为2017—2019年，大致可分为两个阶段：

第一阶段是在住建部指导下的城市总体规划改革阶段，从2017年6月至2018年4月。全国范围内主要的技术成果体现为"2+15"。其中，"2"是指《北京城市总体规划（2016—2035年）》《上海市城市总体规划（2017—2035年）》的获批；"15"是指住建部在全国15个城市开展城市总体规划编制试点工作[《住建部关于城市总体规划试点的指导意见》（建规〔2017〕200号）]。《广州市城市总体规划（2017—2035）》在15个试点城市中进展最快，在2018年2月已经通过广州市人大常委会的审议，并向社会公开征求意见。

第二阶段为2018年5月至2019年5月。随着2018年自然资源部的设立，规划职能由住建部转至自然资源部，主体功能区规划、土地利用规划和城乡规划等空间规划合并成为国土空间规划。2018年11月，根据《自然资源部办公厅关于在广州市开展市级国土空间规划先行先试工作的通知》（自然资办函〔2018〕1517号），广州成为全国唯一的市级国土空间规划试点城市。随后，广州在已经开展的城市总体规划试点和土地利用总体规划试点的基础上开始了国土空间规划的探索。截至2019年6月25日，试点成果《广州市国土空间总体规划（2018—2035年）》获得广州市人大常委会审议通过。第二阶段中后期,以18号文为标志,国土空间规划从试点阶段转向在全国全面展开。18号文的印发标志着我国新空间规划体系的顶层设计和"四梁八柱"基本形成。国土空间规划可实现主体功能区规划、土地利用规划和城乡规划等的融合,担负着破解"规划打架"、促进城市发展转型的重要任务。18号文对国土空间规划的技术和编制提出了时间上的要求,指出到2020年"基本建立国土空间规划体系""基本完成市县以上各级国土空间规划编制",到2025年"健全国土空间规划法规政策和技术标准体系",到2035年"全面提升国土空间治理体系和治理能力现代化水平"。

城市规划中的"土地"聚焦于城市内部功能优化与开发,而国土空间规划中的"国土"则强调全域资源保护与系统性治理。前者是后者的子集,后者通过整合各类空间性规划,实现了从单一用地管理向全域全要素统筹的转变,体现了国家生态文明建设和高质量发展的战略需求。交通规划在城市规划和国土空间规划中均扮演着至关重要的角色。

国土空间规划体系形成过程中,城市交通和国土空间利用互动面临新的机遇与挑战。一方面,"三规合一"降低了部门之间协调的行政成本,为城市交通与国土空间利用实现深度互动提供了有利条件;另一方面,18号文仅指出强化国土空间规划对专项规划的指导约束作用,并没有明确交通专项的内容及其与国土空间规划的相互关系。

交通规划对城市的发展具有重要影响。改革开放以来,交通与城市规划互动力度逐步增强。2016年10月由住房城乡建设部起草、国务院法制办发布的《城市总体规划编制审批管理办法》(征求意见稿)明确了经法定程序批准的城市总体规划,应当严格执行,未经法定程序不得修改。2018年9月,住房和城乡建设部、国家质量监督检验检疫总局联合发布《城市综合交通体系规划标准》(GB/T 51328—2018),把综合交通体系与城市社会经济、城市空间,以及城市综合交通系统内部各子系统的协调放在重要的位置。2023年9月,《国土空间规划法》被列入十四届全国人大常委会立法规划。可以预见,《国土空间规划法》完成立法程序后,将以法律的形式明确各级各类规划的关系和定位,确保规划的科学性和权威性。在这一阶段,城市交通规划在国土空间规划中做出的贡献、取得的地位,取决于探索和实践情况。

1.3.2 多元化格局的要求

城市发展一般可以分为4个主要阶段:快速建设阶段、加速开发和职能强化阶段、用地置换和交通设施改造阶段、高密度开发和城市更新阶段。前两个阶段属于城市从低水平向中等水平发展转变的过程，该过程中城市未开发用地较多、土地资源充足，城市通过快速的用地开发和交通设施建设实现经济职能、社会服务职能等。城市规划花费时间较短，仅需考虑基础设施能否满足开发需求。后两个阶段属于城市从中等水平向高水平发展转变的过程，该过程中城市土地资源开始紧张，城市对已开发土地存在一定的回购，并对承载超负荷的交通设施进行改造或扩充，该过程中具有代表性的活动为城市更新。目前，我国已进入城镇化的下半场，在城镇体系中和城市内部则表现为4个阶段并存的多元化格局。

城市发展格局的多元化必然伴随着国土空间利用结构的多样化，而国土空间利用结构的多样化又必然会带来国土空间利用对交通需求的多样性。需求是有层次的，不同发展阶段的国土空间利用有不同的交通发展需求。因此，城市交通与国土空间利用的互动是一个多层次的概念，应考虑多样性并避免用统一的标准来衡量互动水平。

在快速建设阶段、加速开发和职能强化阶段，交通在城市规划体系中以交通影响评价为核心，发挥着对建设用地的支撑与反馈作用。交通影响评价在控制性详细规划阶段对建设用地规模进行反馈，采用供需比指标分析建设用地规模给交通设施带来的压力，反映设施是否进入拥堵状态，基本可以满足上述两个阶段的要求。

供需比分析的评价指标内涵简单、易于理解，是分析交通规划与城市规划互动最常用的指标，广泛应用在交通战略规划、综合交通规划、道路和轨道等专项规划以及交通影响评价中。但也正因为其内涵过于简单，不能有效评估交通设施与国土空间利用的协同效应，不能在更高层级的分区规划乃至总体规划发挥作用，不适用于用地置换和交通设施改造、高密度开发和城市更新的发展阶段。

国内外规划界普遍认同可达性评价在城市交通与土地利用反馈调节机制中发挥的重要作用。2018年以来，自然资源部出台的国土空间规划编制指导文件中，多次提出将可达性作为评价指标或优化国土空间格局的依据，如2020年1月发布的《资源环境承载能力和国土空间开发适宜性评价指南（试行）》提出将可达性纳入评价指标体系，并列出了交通干线、中心城区、主要枢纽、周边中心城市的可达性分级标准；2020年9月发布的《市级国土空间总体规划编制指南（试行）》提出将改善交通可达性作为优化空间格局的主要措施等。上述政府文件的出台，使在国内一直处于研究状态的技术工具——可达性评价开始在城市体检和规划评估中应用，并逐步被纳入法定规划内容。

现代大城市的快速扩张、旧城改造与城市更新的加快,以及产业结构、岗位需求的快速变化,决定了国土空间规划对交通的要求也是不断发展和变化的。国内大城市应紧跟时代的发展节奏,针对国土空间规划的需求,在既有城市交通与国土空间利用互动技术工具(可达性评价)的基础上,寻求适用于不同发展时期、不同空间的评价技术工具体系。

本书重点对技术工具——可达性评价开展深入研究,在充分分析国内外相关研究的基础上,结合广州市国土空间规划不同场景应用需求,明晰可达性的定义,借鉴供需比分析指标易于理解的特点,建立可达性评价指标的计算模型,发挥可达性评价对交通与国土空间利用互动的促进作用,体现国土空间规划的集约高效理念。在可达性计算模型研究过程中,为了强调城市交通与国土空间利用协同发展的重要性,结合相关学者基于城市规划中常用的节点-场所模型,进一步研发了协调性研究指标的计算模型,以丰富城市交通与国土空间利用互动模型的维度。本书在交通供需比分析、可达性评价、协调性研究基础上设计了国土空间与交通空间利用一体化互动模型(图1-2)。该模型适用于不同发展时期的城市和城市内的不同空间地区、不同规划层级国土空间利用与交通互动水平的要求,以促进国土空间规划体系对交通专项的认同,在市域范围内实现国土空间利用和交通发展的全面协调。

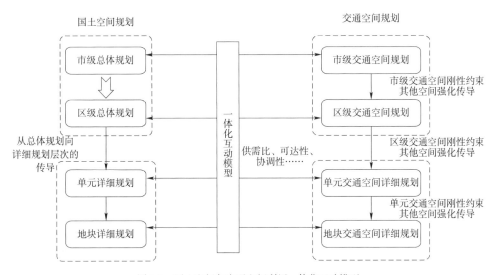

图1-2 国土空间与交通空间利用一体化互动模型

本章参考文献

[1] 中国城市规划学会. 中国城乡规划学学科史[M]. 北京:中国科学技术出版社,2018.

[2] 张文艳. 浅析城市交通管理体制改革[J]. 交通企业管理,2011,26(7):27-29.

[3] BUCHANAN C. Traffic in towns:a study of the long term problems of traffic in urban areas[M]. London:Buckman Majesty's Stationary Office,1963.

[4] DELAFONS J. Reforming the british planning system 1964—1965:the planning advisory group and the genesis of the planning act of 1968[J]. Planning Perspectives,1998,13(4):373-387.

[5] 汤姆逊. 城市布局与交通规划[M]. 倪文彦,陶吴馨,译. 北京:中国建筑工业出版社,1982.

[6] 中华人民共和国住房和城乡建设部. 中国城市建设统计年鉴2019[M]. 北京:中国统计出版社,2021.

[7] 赵燕菁. 城市更新的财务策略[M]. 北京:中国建筑工业出版社,2023.

[8] 马小毅,江雪峰. 大城市国土空间规划中交通规划编制方法探索——以广州市为例[J]. 城市交通,2019,17(4):11-16.

[9] 罗德里格,孔泰,斯莱克. 交通运输地理[M]. 王建伟,付鑫,译. 北京:人民交通出版社,2014.

[10] 伍速锋,吴克寒,王芮,等. 基于规模法则的城市规模与交通拥堵关系研究[J]. 城市交通,2019,17(3):105-110,47.

[11] 赵燕菁. 论国土空间规划的基本架构[J]. 城市规划,2019,43(12):17-26.

[12] 周军,谭泽芳. 交通承载力评估在密度分区及容积率测算中的方法研究及应用实践——以深圳为例[J]. 城市规划学刊,2020(1):85-92.

[13] BASSOLAS A,BARBOSA-FILHO H,DICKINSON B,et al. Hierarchical organization of urban mobility and its connection with city livability[J]. Nature Communications,2019(10):1-9.

2 城市交通与国土空间利用互动研究沿革

学术界对城市交通与土地利用互动的研究由来已久，相关的互动理论数量可观，实践应用的内容涉及城市规划的各个领域。自国务院印发的《全国主体功能区规划——构建高效、协调、可持续的国土空间开发格局》提出"国土空间"概念以来，有关国土空间的概念和理论认识受到学者的广泛关注。2018年自然资源部的设立和国土空间规划体系的构建，将人们的关注点从"土地"转向"国土空间"。《辞海》将"土地"定义为大自然所赋予人们的，以陆地、水域等形式存在的资源。《全国主体功能区规划——构建高效、协调、可持续的国土空间开发格局》将"国土空间"定义为国家主权与主权权利管辖下的陆地、陆上水域、内水、领海、领空等空间。从社会科学角度看，国土空间具有政治性意义，而土地没有特定的国家范围；从包含资源角度看，土地不包括领空，更不包括领海。因此，我们可以认为"土地"是"国土空间"的一部分，"国土空间"基本涵盖了"土地"所指代的实体对象。将城市交通与土地利用互动关系的研究拓展至城市交通与国土空间利用互动关系的研究，既符合领域的发展方向，又可为国土空间规划的科学编制和有效实施提供可靠的依据。

2.1 国外互动研究历程

2.1.1 理论探索

城市交通与土地利用互动研究一直是国外城市空间研究中一个重要的内容，其理论基础来自城市空间结构的研究。经济学家和社会学家最先开始研究城市交通与土地利用互动关系，并且提出了一系列的理论，如区位理论、土地利用三模式理论、空间经济学理论和行为学理论等。

区位理论的雏形是德国经济学家杜能(Von Thunen)于1826年在其出版的《孤立国同农业和国民经济的关系》中首次提出的农业区位论。杜能的农业区位论认为，不同农作物的区位优势与其距离市场的远近密切相关，交通是决定区位优势的关键因素。阿尔弗雷德·韦伯(Alfred Weber)继承了杜能的思想，在20世纪初叶提出了工业区位论。工业区位论认为，决定区位的基本因素是生产地、原料地、消费地之间的交通费用，其次是劳动费用的集聚或分散所带来的利益。在传统区位理论的基础上，克里斯塔勒(Christaller)将区位理论扩展到聚落分布和市场研究，认为组织物质财富生产和流通的最有效空间结构是一个以中心城市为中心的、由相应的多级市场区组成的网络体系。克里斯塔勒认为，市场、交通和行政等要素共同支配城市中心的形成，交通是城市中心土地利用模式形成的重要影响因素之一。这些经典的区位理论主要基于经济法则，探讨理想市场模式下的经济活动区位特征及其效果。在研究农业、工业等用地的区位时，交通都是重要的考虑因素，通常将总交通费用最低的地点作为最佳选择。

土地利用三模式理论中"三模式"是指同心圆模式、扇形模式和多核心模式，是20世纪20年代芝加哥学派从人文生态学角度总结出的三大城市空间经典结构。他们试图将人类生活、社会结构等社会人文因素与城市空间特征结合起来，描述并分析空间的形式和演化，强调人文活动对城市空间的作用，而作为人文活动的主要外部表现之一的交通是各种土地利用模式形成的基础。伯吉斯(Burgess)的同心圆模式认为，不同土地利用模式对交通条件的要求不同，形成不同的经济地租递减曲线，反映城市人群从城市中心向外的迁移过程，交通条件是同心圆形成的基础；霍伊特(Hoyt)的扇形模式认为，城市主要沿着交通干线或街道的自然景观发展；哈里斯(Harris)和乌尔曼(Vilman)的多核心模式认为，城市内部结构中除中央商务区(CBD)外还有其他次要的中心生长点，次中心的形成由交通位置的优越性决定，交通是多核心形成的决定性因素。虽然土地利用三模式越来越接近于城市发展的实际，但其偏向于对城市的静态分析，忽略了对城市动态发展、城市间的联系和城市网络结构的研究。

空间经济学理论是在区位理论的基础上发展起来的，主要研究生产要素的空间布局和经济活动的空间区位。以温戈(Wingo)和阿朗索(Alonso)为代表的城市空间经济学派，以经济学均衡理论为依据，论证了经济与交通系统是决定城市空间结构发展方向的关键因素。1963年，温戈在研究中发现不同城市活动之间是有联系的，并对消费者从居住地到工作地的出行问题提出了城市交通与土地利用关系的经济学理论。温戈认为,在当前给定的交通技术条件下,如果给出交通费用的计算公式,那么土地的价值就可以依据地上各种城市活动的交通需要而计算出来。1964年,阿朗索在《区位和土地利用》一书中进一步发展了温戈的理论。阿朗索将地价在城市空间中的分布以一种简单而直观的理论模型表现出来,这就是"城市地价会随着出行起点到城市中央商务区距离的增加而递减"的理论,后来又被称为"替换平衡理论"(The Trade-off Theory)。"替换平衡理论"首次通过交通费用与土地价格水平之间的关系建立了城市交通与土地利用之间的关系。随着城市空间经济学理论的发展,越来越多的研究学者认识到城市交通和土地利用的政策息息相关,必须综合考虑两者之间的相互作用和影响。

行为学理论将空间视为人类相互交流、相互影响下的空间模式,认为城市空间将随着世界范围的科技进步、生产力发展而发生改变。由于其强调空间动态性的过程,上述观点在实践中与现实世界较为符合。1960年,先验行为学派代表人物之一盖伯格(Guttenberg)提出的运输条件影响土地使用的理论解析了交通发展在城市空间演变中的动力机制。1970年,哈格斯特朗(Hägerstrand)从人本主义的角度创立了基于出行日志调查的时间地理学,研究了个人行为的时空关系。之后,该理论被拓展应用于研究城市居民日常生活行为的空间模式等。由于其将个体出行和方式选择行为作为分析的基本要素,为后来非集聚模型的产生奠定了基础。

值得注意的是,上述理论都是对城市交通与土地利用之间的关系进行定性、概念化的描述,着重研究城市空间布局形态的理想模式,认为城市交通是影响土地利用的主要因素。但真正认识到城市交通和土地利用互动关系的重要性,并具备技术条件从定量的角度去研究两者之间的关系,则是在20世纪60年代之后。

2.1.2 模型构建

经历早期理论探索后,随着计算机技术的成熟,城市地理研究转向空间分析,部分经济学者、社会学者开始进行定量模型的构建,试图采用物理、数学方法解析城市空间结构,建立模拟城市发展演变的系统,以分析、揭示城市中的人、地关系,包括交通活动与区位活动影响因素、演变规律等。同期,城市交通规划模型也开始起步,四阶段法的交通建模方法得到广泛的应用,一些学者开始试图将城市交通规划与土地利用规划结合起来,统筹考虑。

根据是否研究个体活动行为,城市交通与土地利用互动模型可以分为宏观和微观两类。宏观模型包含劳瑞模型(Lowry Model,一般称为Lowry模型),基于数学规划、空间投入产出理论、社会经济学理论的模型;微观模型有微观模拟分析模型和复杂系统分析模型。

(1)宏观模型

Lowry模型建立于1964年,是国外众多城市交通与土地利用互动模型的雏形。最初的Lowry模型将人口、就业岗位、零售业等的空间分布和土地利用融合于一个不断重复的迭代过程中,其计算框架如图2-1所示。

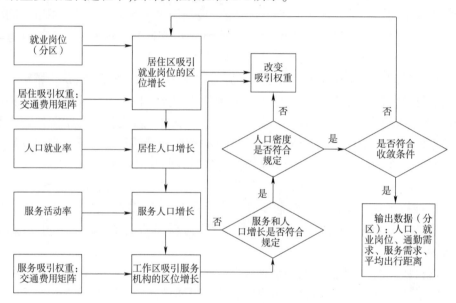

图2-1 Lowry模型计算框架

从本质上看,Lowry模型是一对互为依存的空间相互作用模型:居住地(与工作地点的人口分布相关)模型和就业地(与根据人口配置的服务市场相关)模型。Lowry模型有3个主要元素,即人口、就业岗位的空间分布以及交通网络(用出行距离或时间代表)。Lowry模型可根据一定函数关系求出活动的分布,如根据就业岗位的分布确定就业人口和被抚养人口的分布,可根据消费人口的数量确定服务活动等。然后,可根据每平方千米方格内基础就业岗位的分布和相应的劳动力需求,用计算机算出各区相应的居住人口规模。这些人口又需相应的服务活动,其区位分布根据市场效益而定。当然,这些服务活动本身已提供了就业机会。这样又产生了相应的被抚养人口,而这又要有一定的服务活动……这样循环往复,直至达到平衡状态为止。Lowry模型的优点在于所需的输入数据规模适中,参数不多,较为简单,同时可以对劳动力需求和就业岗位、服务活动与消费活动之间的市场关系进行模拟。但由于 Lowry 模型采用一种简单的分配率(建筑面积率和活动率)分配住户到住处、零售地点和就业地点,不甚准确,且是描述性的,预测能力不佳。另外,Lowry 模型忽视了土地与建筑物的需求、供应和价格等因素,而这些因素对人口和就业岗位在空间上的分配是至关重要的。

基于数学规划的模型可在一定的约束条件下,寻找土地利用和城市交通需求间的最优化发展方案。模型的基本假设是:通过对一个包含交通和城市活动费用的目标函数开展优化,将住宅区和就业区的区位特征表述为一个新的土地利用配置情况。目前,美国应用最广泛的以数学规划为基础的模型是金(Kim)的芝加哥区域模型和普拉斯特克斯(Prastacos)的土地利用优化系统模型(Projective Optimization Land Use Information System,POLUS)。金的芝加哥区域模型是以城市经济规律为基础,综合多种方法建立起来的土地利用和交通网络复杂关系的模型;普拉斯特克斯的 POLUS 模型是运用消费者剩余理论、效用理论以及熵最大化理论限制规划的边界,寻求一个与工作、购物的多方式出行、服务出行以及与基本产业雇员的集聚效益相关联的区位剩余最大化值。阿里尔德·沃尔德(Arild Vold)以交通效率最大和环境污染最小为目标,并利用约束条件将城市交通与土地利用变量限制在一个合理范围内。基于数学规划的模型一般有明确的目标以及较强的预测能力,在土地利用和城市交通相互作用的研究中广泛应用。但为便于求解,研究者往往对建模条件进行大量简化,在一定程度上降低了结果的可信度。

基于空间投入产出理论的模型利用交通需求和土地利用的相互关系,通过土地利用的变化来预测未来交通发展,主要运用计算机进行模拟。基于空间投入产出理论的模型提供了一个描述各经济部门(如政府、家庭等)和各个行业(如工业、农业及服务业等)间互相依存关系的框架,将这些经济单元之间的相互依存关系作为内生变量引入模型。

基于社会经济学理论的模型以经济学相关理论为基础,建立交通与土地利用的关系,如交通费用与地租之间的关系等。从需求方面考虑,每个用户都采用效用最大化原则确定最优的居住位置,愿意对每一个居住地点所付的费用以竞租函数表示,通过比较房价和交通费用得到最优方案;从供应方面考虑,则设想每个居住地点都租给出价最高的人。用经济学的方法对住房和土地利用区位的建模研究有很多。例如,米尔斯(Mills)通过引入线性规划,进一步描述了上述土地市场均衡的过程(过程中,若所有收入类型的住户都满意自己所处的区位,则市场处于稳定状态);奥本海姆(Oppenheim)把基于效用最大化的个体选择行为与寻求交通供需均衡的城市系统行为联系起来;詹姆斯·E.摩尔(James E. Moore)和约翰·金(John Kim)在米尔斯的城市系统模型的基础上,考虑环境因素,建立了土地利用、交通与环境的一体化模型;贾斯汀(Justin)和罗杰(Roger)则运用双层规划理论建立竞租网络平衡模型来研究交通与居住选址之间的关系。

(2)微观模型

基于微观模拟分析的模型首先从一个预先设定的概率分布中生成一些随机数(随机数代表特定的响应值);然后在这些响应值和特定出行者的特性或出行选择之间建立联系,构造出详细的出行行为特征;最后通过对所有个体出行行为特征的模拟,为规划研究提供集计值。该模型在计算方面具有低成本、高效能的特征,已经逐步成为一种流行的分析工具,其代表模型是英国马基特(Mackett)等开发的交通、就业与居住微观模拟分析(Micro-Analytical Simulation of Transport, Employment and Residence, MASTER)模型。MASTER模型利用蒙特卡罗法模拟一系列个体及其家庭的活动决策行为过程,模拟主要针对机动车持照者、车辆拥有者、车辆可得性以及上班的交通方式等。MASTER模型中未包括非工作出行,其方式划分采用Logit模型。与此类似的基于微观模拟分析的模型还有雷克(Recker)等建立的STARCHILD模型、凯恩(Kain)等建立的HUDS模型以及兰迪斯(Landis)的加州城市未来模型(California Urban Future Model, CUFM)。这些都是大型的模拟模型,用来分析交通规划或政策带来的交通改善。微观模拟分析的优点在于将个人特征与其选择过程融合在一起,便于理解和应用,能够全过程跟踪模拟一些个体出行者、家庭、公司等的状态。因此,只要存在合适的时间序列数据,即使在较高的集计水平下,也可以通过分析模拟结果得到合理结论。

20世纪90年代开始的计算机硬件技术的进步、人工智能等相关领域的发展以及地理信息系统(Geographical Information System, GIS)的日益成熟,推动了复杂科学模型的发展,进而出现了元胞自动机(Cellular Automata, CA)模型和智能体模型(Agent-Based Modelling, ABM)等复杂系统分析模型。基于元胞自动机模型的土地利用交通一体化模型的代表有SLEUTH模型和CLUE-S模型。它们都是用来模拟城市边缘的非城市土地利用(农田、森林)如何转变为城市土地利用(城市居民住宅、商业和工业用地等)的模型。然而,元胞自动机模型是以栅格为基础的,并且所有元胞单元需要同时执行一定的决策与任务。所以,任务单一的元胞自动机模型很难反映人口变化、政策以及经济、土地利用和交通之间复杂的变化与影响。与元胞不同,智能体具有自主性,可以不遵循元胞自动机的"同步性"原则。智能体之间或者智能体与环境之间可以在不同的时间点上进行交互,进而做出决策和反应。

近年来,一些学者开始利用智能体模型来研究土地利用的变化。亨特(Hunt)等在地块层面上应用了巢式 Logit 模型来模拟巴尔的摩土地利用的变化规律。研究中,每个地块都被看作一个智能体。上层模型考虑保持原来的土地利用种类或新建或转变土地类型。在服从上层模型的条件下,下层模型采用一个连续 Logit 模型考虑新建或转变建筑面积的数量。帕克(Parker)和梅雷茨基(Meretsky)建立了 SLUDGE 模型,包括以元胞自动机模拟城市土地利用的子模块和以智能体模拟土地拥有者行为的子模块,这些模块被用来研究交通费用与其他相关的外部空间特征(如地租)对城市拓展和土地利用的影响。

2.1.3 软件封装

国外城市交通与土地利用互动经典模型基本上都实现了软件的封装,具体情况见表 2-1。另外,国外的一些交通规划软件在市场应用中也逐渐完善了城市交通和土地利用的互动功能,如综合交通规划软件 Cube。本书重点介绍 3 种广泛用于规划实践的软件,分别为 PECAS、UrbanSim 和 Cube。

国外交通与土地利用互动经典模型和软件的应用情况　　　表 2-1

模型类型	软件名称	应用国家
基于 Lowry 理论的模型	DRAM/EMPAL	美国
	LILT	英国、德国、日本
基于数学规划的模型	POLIS	美国
基于空间投入产出方法的模型	MEPLAN	西班牙、巴西、智利、意大利
	TRANUS	委内瑞拉
	PECAS	加拿大
基于社会经济学理论的模型	LUTE	美国
基于微观模拟的模型	MASTER	英国
	UrbanSim	美国

(1) PECAS

受益于 MEPLAN 和 TRANUS 的开发经验,PECAS 软件包是近年来发展起来的基于空间投入产出分析框架的土地交通互动分析工具,可以模拟土地利用与城市交通之间的互动关系。其空间经济系统包括多个子系统(如经济、土地利用和交通等系统)以及各种要素(如人口、就业岗位、土地/空间供给、交通需求/供给、社会和自然环境等)。PECAS可模拟整个社会经济活动在空间的分布和各个行业间的交互关系,以及这些分布及交互关系对土地/空间供给及交通系统的影响。

　　PECAS由区域宏观经济、社会经济活动分配与交互、土地开发和交通供给4个模块组成。其中,区域宏观经济模块通过输入输出表来表示建模区域内各种社会经济活动及其交互关系;社会经济活动分配与交互模块用于在空间上分配各种社会经济活动以及模拟活动之间的空间交互作用关系;土地开发模块用于模拟开发商为各种社会经济活动提供用地或建筑面积(空间)的开发行为,包括从一个时间点到另一个时间点的新土地开发、土地用途变更以及再开发;交通供给模块与社会经济活动分配模块交互作用,根据社会经济活动的空间分布情况及相应交通网络流量调整交通费用的效用,进而引起交通需求的波动以及交通状况的改善或恶化。PECAS系统结构如图2-2所示。

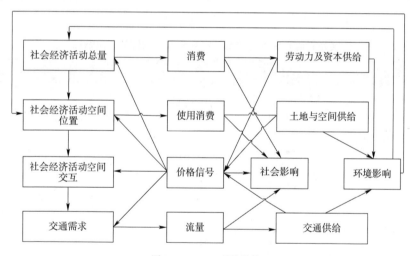

图2-2　PECAS系统结构

(2)UrbanSim

　　UrbanSim(Integrating an Urban Simulation Model)是由保罗·瓦德尔(Paul Waddell)开发的城市土地与建筑空间市场运营软件,可以模拟城市中土地市场、房地产市场、非住宅用地及交通设施等各因素之间的交互关系。UrbanSim最初由Urban Analytics公司开发,华盛顿大学对其进行进一步开发和维护。美国俄勒冈州已将该软件投入公共领域,同时,华盛顿大学支持其通过互联网发布和传播,并作为"土地利用规划与多式联运规划一体化"项目的一部分实施。

UrbanSim 的显著特征如下：

①基于以年为单位的增量建立空间供求不平衡模型。空间的需求是基于买卖双方的意愿价格或者竞标价格，买卖双方都试图使自己的利益最大。空间存量由卖方/开发商提供，以便在需求明显的情况下实现利润最大化。空间价格在市场清算过程中确定。

②每年以动态不平衡的方式运行，在此基础上根据预期利润（预期收入减去成本），由供应商决定开发或重新开发个别地块。根据滞后一年的价格计算预期收入，并且假设新的建筑在下一年之前不会被占用。需求基于滞后价格和当前供应确定，价格根据每年各个子市场的供需平衡进行调整。模型结束状态取决于路径。

③使用单个地块作为供需分析单位的首个模型和软件。在需求方面，使用交通小区（TAZ）作为其空间单位。与其他软件相比，其空间表达更加精细。在供应方面，将单个地块作为土地开发和再开发的单位。

④可高度分解。模型包含 111 种家庭类型，可以基于家庭调查数据及其相关的详细信息的加权大样本以静态微观模拟的形式来运行。

⑤基于对政策方案的分析，包含综合土地利用计划、增长管理法规、城市增长边界、最小和最大开发密度、综合用途开发和再开发、环境对发展的限制和发展定价政策，以及由相关的交通需求模型决定的交通基础设施和定价政策的范围。

(3) Cube

Cube 是 Citilab 公司开发的涵盖交通规划、交通系统分析等内容的综合交通规划软件。该软件能够对城市道路系统、区域公路系统、长距离旅客运输、货物运输、多方式交通出行、交通出行起讫点（OD）估计及空气质量等进行分析并辅助规划设计。Cube 中包含了 Base（用户交互）、Voyager（宏观静态建模）、Analyst/Drive（矩阵反推）、Avenue（中观动态建模）、Cargo（货运预测及分析）、Land（土地利用及土地价格预测）、Cloud（云端交通建模）、Dynasim（微观动态交通仿真）等功能模块。Cube 支持所有交通运输方式的建模，并且可以在不同交通方式[步行、自行车、小汽车、公交车、快速公交系统（BRT）、铁路、航空、水运等]之间进行反馈交互。宏观方面，Voyager 模块可用于交通战略和多模式交通方式的规划，通常用于研究详细的、主要的道路网络和公共交通系统。该模块将始发地与目的地之间的全部交通量视为一个整体，通过评估总交通量的最低成本路径，利用饱和度和最终估算速度，计算交通拥堵的影响。中微观方面，通过 Avenue 和 Dynasim 等模块，用户可以进行中观动态交通建模和微观交通模拟。

Land 是 Cube 软件中进行土地利用分析的模块，可运用数学模型对不同经济条件下的房地产市场进行预测和模拟。对于用户定义的场景，Land 可以预测不同类型的城市住宅和非住宅用地的供应和需求；还可以与交通模型互动，并基于城市交通系统的改变来预测土地利用的变化；通过互动模拟分析，根据模拟结果进行优化与调整，进而反馈和更新相应的数据库文件，完善交通规划与土地利用规划的互动过程，使交通与土地利用相互协调。

2.1.4 小结

总结国外城市交通与土地利用互动研究的经验，主要有以下三点。

(1) 合理的顶层设计

1962 年美国联邦资助公路法案发布，要求 5 万人口以上城市化地区的交通项目必须建立在持续的 (Continuing)、合作的 (Cooperative)、综合的 (Comprehensive) 城市交通规划模型 (以下简称"3C 模型") 的基础上，并由都市区规划组织负责执行。自此，美国通过立法明确了交通模型的法律地位。3C 模型包括数据收集、数据分析、交通需求预测以及替代方法的评价。经验表明，在顶层设计上，制定统一的建模规范、考察标准、机构协调方式和资金管理渠道，有利于促进城市规划组织的成长，有利于建模工作的规范化、制度化，也有利于促成城市交通和土地利用互动模型的成熟应用。

(2) 开放、多元的数据来源

国外一体化软件平台所需基础数据要求较高。以 PECAS 软件为例，其不仅需要交通数据、土地利用数据等作为基础，还需要行业产出、行业消费、家庭劳动力产出、商品进出口量等一系列经济活动投入产出相关数据，以模拟社会运作情况。这些数据在国外城市比较容易获取，而且数据颗粒度小。

(3) 完备的人才队伍

经历了"理论探索—模型构建—软件封装"近两百年的发展，国外城市交通与土地利用互动研究在理论基础和模型工具的发展上已基本成熟，并经历了市场的充分考验，形成了一支由学校科研人员 (理论探索/模型构建)、计算机工程师 (代码编制/软件封装)、产品经理 (市场营销) 等多种人才组成的团队，推动了互动研究的可持续发展。

2.2 国内互动研究情况

2.2.1 理论研究

20世纪80年代中后期,城市交通与土地利用互动研究在国内开始逐渐引起重视。1987年底,中国城市规划研究院交通所承担了国家"七五"重点科技攻关项目专题之一"大城市综合交通体系规划模式研究",首次对城市用地与城市交通发展关系进行深入研究,并系统分析了我国大城市中心区的形成原因、用地结构以及城市交通模式特征,提出了城市土地利用强度与交通需求之间动态关系的定量分析方法。范炳全等总结了发达国家城市交通与土地利用相互关系的研究进展,并指出该领域的研究应引起我国规划界与学术界的重视。杨吾扬从历史、人口和交通等角度探讨了北京市商业中心等级结构的形成及演化。李泳分析了城市交通系统与土地利用结构的循环反馈关系,以及在城市交通规划过程中进行城市活动系统分析的意义。20世纪90年代的研究基本处于定性、宏观层面,对于促进我国城市交通与土地利用互动研究起到了推进作用。

进入21世纪,随着城市交通问题的凸显,城市交通与土地利用互动的重要性逐渐被理论界与规划界认识,关于两者的互动研究也开始逐步深入,交通规划、城市规划以及城市地理学领域内的学者各自开展了相应的研究。

(1)交通规划领域

曲大义、王炜等从可持续发展的角度出发,指出我国应加强以下方面的研究:城市向郊区发展对中心区交通的影响研究、城市用地结构变动对路网交通状态的影响研究、路网交通极限承载能力对土地利用的制约研究、住房制度改革后城市居民重组(迁居)机理及其对城市交通的影响研究、高度信息化社会城市交通需求特点及预测研究、最佳土地利用模式研究等;王炜、陈学武等的专著《城市交通系统可持续发展理论体系研究》,通过总结已有研究成果,初步形成了城市人口-土地利用-城市交通模式相关关系的理论体系,并对南京等城市进行了相关实证研究。

(2)城市规划领域

潘海啸以上海为例,从城市规划的角度分析了轨道交通对大都市空间结构的影响,研究了城市形态对居民出行、轨道交通对居住地选择的影响,轨道交通与城市中心体系的空间耦合关系,以及低碳城市交通与土地利用之间的关系,提出了对上海城市交通政策的顶层设计和上海交通未来发展的思考,提倡城市建设要首先有利于步行和自行车的使用,高密度、小街区的设计有助于非机动化的交通出行。他还指出当前城市设计、交通规划和土地的混合使用将会继续维持一个较高的非机动化出行比例;鼓励发展高性价比的公共交通,控制小汽车的发展,以减少二氧化碳的排放。

(3)城市地理学领域

闫小培对高密度开发城市的交通系统与土地利用之间的关系进行了相关研究,通过初步研究广州市中央商务区的城市交通特征和交通组织,从路网形态、交通运输、交通流等方面的特征分析了中央商务区的交通状况和土地利用对交通的影响,提出解决问题及合理交通组织的措施。毛蒋兴和闫小培从定性和定量两方面系统阐述了我国城市交通与土地利用系统研究的进展,指出对城市交通和土地利用互动关系的研究是进行交通政策分析、制定未来交通政策及解决复杂城市交通问题的根本,认为两者关系的理论研究成果仍有局限性。他们还以广州5次大的城市空间格局变化为例,论述了在我国具有高密度土地开发特征的城市中,城市交通系统对城市空间格局演化及土地价格的影响,指出了城市交通系统建设对城市用地布局调整的促进作用;同时,他们发现广州市土地的高密度集中开发与私人交通过度发达不匹配,高强度交通需求与低容量城市交通系统造成供需严重不平衡,城市交通用地缺乏,城市交通规划与土地规划严重脱节。李文翎和闫小培首次提出了城市轨道交通发展与土地复合利用的概念,提议在轨道线路经过的一个相对带形的区域内,对建筑物进行精心设计和开发组织,使之能通过空中、地面、地下多种交通方式的有机组织,实现城市空间多层面化,形成功能协调、彼此带动的空间体系。周素红和闫小培以广州为背景,研究了城市外部形态/内部结构和交通需求的关系、广州市居住-就业空间的均衡性、宏/微观空间组织模式等,阐述了居住-就业空间格局的演化过程和规律。

以上研究对于加深城市交通系统与土地利用之间互动关系的理解,特别是定量考察两者之间的关系意义重大。

2.2.2 模型构建

在定性分析的推动下,学者们开始尝试在国外城市交通与土地利用互动模型的基础上进行再次开发,以期加强模型在国内的普适性和精确性。

(1)宏观模型方面

杨明、曲大义等针对传统交通需求预测方法的不足,建立两步式土地利用与交通需求的相关关系模型,为寻求土地利用和城市交通系统的最佳匹配、提高交通需求预测精度提供了新的思路。葛亮、王炜等针对我国城市向多中心布局发展的趋势,模仿引力场理论建立了城市各中心的交通影响范围界定模型及可达性模型,对多中心城市空间布局与城市交通之间关系进行了深入的量化分析。王媛媛和陆化普以兰州市为例,建立了反映城市土地利用与交通结构互为反馈关系的优化组合模型,从出行时间、交通费用和服务水平3个方面衡量广义出行效率的高低,作为优化模型的整体目标。陆化普、王建伟等从交通效率的视角出发,用总出行时间来衡量土地利用形态的交通效率和宏观可达性,建立了一定经济、土地和人口约束下,总出行时间最小的城市土地利用优化模型,对优化土地利用-交通系统的互动模型进行了有益尝试。

随着我国城市化进程的加快,交通供需矛盾日渐突出,轨道交通以其运量大、速度快、能耗低的优势,成为解决大城市交通问题的重要措施。轨道交通与土地利用的互动关系也成为城市交通与土地利用关系研究领域的重要内容之一。轨道交通与土地利用关系研究主要涉及两大方面:一是轨道交通对周边土地利用价值及房地产价格的影响,二是轨道交通对周边土地利用性质空间分布的影响。杨励雅、邵春福等研究了轨道交通与土地利用的互动机理,主要围绕交通容量与容积率、土地混合利用程度与出行距离、交通容量与土地价格分别建立微分方程,通过设定不同参数模拟出不同条件下二者互动的方向、程度和演化趋势;以南京地铁1号线为例,选取居住用地、公共设施用地、工业用地3种主要城市功能用地,预测、分析轨道交通对土地利用的影响;结合多中心分散组团城市空间形态,建立了以交通出行时耗最小为优化目标的土地利用形态与交通结构组合优化模型。何宁和顾保南修正了日本的轨道交通出行费用与沿线土地价值的定量关系,并针对上海的实际情况标定了有关参数。叶霞飞和蔡蔚在借鉴国外轨道交通开发利益定量计算方法的基础上,提出了基于特征价格法的轨道交通沿线开发利益的计算方法,结果表明,轨道交通建设对沿线地价或房地产价格产生的影响是显著的。王霞、朱道林等以北京地铁13号线为例,分析了轨道交通沿线房地产价格的分布特征。刘金玲和曾学贵运用特征价格模型计算了北京地铁13号线对沿线区域土地的收益以及地价增值。郑捷奋和刘洪玉运用特征价格模型定量评价了深圳地铁一期建设对周边住宅价格的影响,并结合我国实际情况提出了基于轨道交通的土地利用、增值与返还策略。周俊和徐建刚研究了轨道交通对周边土地利用吸引作用的廊道效应原理,运用对数衰减函数描述吸引作用遵循距离衰减原则,并以上海轨道交通明珠线一期工程为例,对廊道效应作用下的城市土地利用特点进行了分析;结果表明0~

500m吸引范围内的轨道交通对土地利用的吸引作用最强。王锡福、徐建刚等运用廊道效应原理分析了南京轨道交通沿线的土地利用特点,得出了类似的结论。

这些研究和探索对模型的优化具有非常重要的意义。但是由于缺乏丰富的数据资源,模型优化只能考虑很少的几个变量。以交通出行时耗最小为城市交通与土地利用的优化目标也有可能得出模型以交通效率为单一导向的偏颇结论。

(2)微观模型方面

刘小平、黎夏等采用基于多智能体的居住区位空间选择模型和地价变化模型模拟居民在居住地选择过程中的决策行为;考虑了可达性、土地价格、教育资源、环境质量等区位要素,通过一系列效用函数和Logit模型来模拟居民经济收入、内部的社会经济压力与外部的居住环境对居民选择居住地的概率和土地价格的影响;该模型系统地提供了一个在微观层面直接采用智能体模拟土地利用变化的案例,具有重要的参考意义。但是,该模型局限于居住用地,不考虑其他用地(如商业、政府机构、社会团体和工业用地等),且需要校正效用函数中的众多权重系数,导致其在实际应用中不易普及。刘毅、杨晟等简单论述了进化模型(Evolutionary Model)、多智能体模型和元胞自动机模型3种主要土地利用微观模拟模型的特点,认为进化模型存在作用机制不可解释的问题;多智能体模型中,智能体之间的作用规则比较复杂,空间表达能力比较弱,并且有很高的数据要求;元胞自动机模型是一种时间、空间和状态均离散的动力学模型,具有强大的空间运算能力,可以可视化模拟土地利用变化动态过程的时空分布。他们采用元胞自动机、多维(包括宏观、中观和微观)驱动力分析和情景分析方法构建了城市土地利用变化模拟模型,通过对遥感影像的解译,获得不同时期的土地利用和交通路网数据,通过GIS平台对研究区域进行网格划分并量化元胞自动机模型驱动力和确定模型参数;结合宏观规划与政策信息,运用蒙特卡罗方法对城市未来土地利用进行预测;提出宏观驱动力包括土地利用规划,中观驱动力包括与交通干线、商业中心及工业中心等的距离,微观驱动力包括地块层面基础设施建设情况和开发密度等因素。从该模型[基于两个时期(1986—1995年和1996—2000年)数据]标定检测的结果来看,匹配正确率都高于90%。在各种情形下,运用标定的模型对算例区域土地利用情况进行预测,结果显示:模型比较好地反映了预期的结果。值得注意的是,该研究对研究区域进行了网格或栅格处理,通过GIS和遥感对每一个网格进行了量化。该方法的优点是简单易行,但问题是栅格处理会对研究区域内很多土地单元进行随意分割。比如,一个土地利用单元(如小区或公司)可能被切割成几个部分或者不同用地目的的地块被划分进同一个栅格,这会大大降低模型表达真实世界的能力和精度。

赵丽元探讨了土地利用空间分布与城市交通系统的相互关系,并建立了一个双层规划模型,由上层的土地利用分配模块与下层的交通模块构成;采用多智能体(如居民、就业部门、开发商等)模型与基于 Logit 模型的元胞自动机土地开发模型结合,构建城市土地利用动态演化模型,得到土地利用分配策略以及新住宅小区的居民数量,进而更新基于交通小区的交通需求;将需求作为下层交通模块的输入,采用经典的用户均衡交通分配模型,通过 Frank-Wolfe 算法计算基于路段的交通费用和可达性指标;将输出结果反馈到下一个时段的上层土地利用分配模块中,并利用国外某地区的数据进行模拟分析。使用国外某地区的数据虽然在一定程度上体现了模型的实用性,但是它也反映了国内数据缺乏的实际情况,而且使用国外数据建立和验证的模型不一定适合高密度混合用地和混合交通比较普遍的情况,难以适应我国的国情。

2.2.3 软件应用

国内在软件方面的实践应用基本上都是在国外的成熟软件上进行的再次开发。

(1) PECAS 软件

钟鸣团队基于 PECAS 软件在武汉市及上海市开展了大量的应用。该团队构建武汉市 PECAS 演示平台期间,开展了大量的数据收集、整理与分析工作,完成了演示平台 3 个模块(区域经济与人口预测、社会经济活动空间分配及土地开发)参数的估计,实现了模块间的联动,并对平台进行了一定的校正和灵敏度分析。通过平台预测了武汉市 30 年(2008—2038 年)社会经济活动及其在空间上的分布、相应的土地及空间开发量等,估算了局部空间利用模式及城乡之间社会经济、出行和空间消费行为的社会差异,研究了交通设施对经济的影响,利用可达性评价来评价公共交通平衡性。最后,对平台设计与开发策略进行了总结。武汉 PECAS 演示平台在时空维度、社会经济活动维度有较高的精细度和较全面的描述,能够较好地支撑武汉市经济、人口、土地及交通等方面的决策与长远规划。

(2) UrbanSim 软件

童昕研究组利用 UrbanSim 软件研究了北京市亦庄土地利用变化和能源消耗之间的关系,建立了住宅和非住宅房地产价格模型、家庭与就业区位选择模型及 3 种情形下的就业与居住空间变化趋势和相应的能源消耗模型,使用当地观测的数据进行模型标定,具有较高的精度。例如,对于住宅房地产价格模型,决定系数接近 1。对于非住宅房地产价格模型,相应系数在 0.66~1 范围内;但其在研究中缺乏相应的交通规划模型,没有考虑城市交通与国土空间利用之间的互动关系。郑思齐、霍燚等提出了构建模拟中国城市空间动态的"土地利用-交通-环境"一体化模型思路,描述了7个子模块和相关政策及其应用前景。运用UrbanSim软件,以写字楼市场为研究对象,基于企业选址和写字楼开发选址的相关理论构建了写字楼市场供给(开发选址)与需求(企业选址)互动模型,通过GIS建立了北京市写字楼开发价格、企业选址及城市基础设施和公共服务的空间数据库,并在模型中利用微观数据对写字楼市场一体化模型进行了标定,采用以交通小区为单位的、具备丰富基础数据的UrbanSim土地利用模型深入研究了写字楼这种特定非住宅土地利用的特征。不过,交通小区面积一般较大,包含多种土地利用单元,空间分辨率较低。另外,该研究在模型中没有考虑各种土地利用之间的竞争与互换关系。

(3) Cube软件

张宇使用Cube软件建立了北京市土地交通一体化模型。通过对居民选择住地的区位选择、交通选择和房地产市场开发等几类主要个体选择行为规律的研究,建立模型,以体现一定经济背景下城市交通与国土空间利用之间的互动关系;基于北京市宏观交通战略模型和土地利用相关调查数据,完成了北京市土地利用与交通互动模型的标定工作,并在实际规划应用中对模型进行了测试。该模型是国内第一次完成且可应用于规划实践的土地利用—交通互动模型。不过,模型中的土地模块部分主要以住宅市场和居民居住地选择为研究对象,而未涉及其他社会经济活动(如商业和工业)的选址。另外,模型沿用现有北京宏观交通模型中的交通小区划分,将北京划分为178个交通小区,空间分辨率较低,存在与郑思齐等开发的UrbanSim模型类似的问题。

2.2.4 小结

近40年来,国内在城市交通与国土空间利用互动研究方面奋起直追,取得了长足的进展,但与国外近200年的发展历程相比,尚存在一定差距,具体表现为:模型的法定地位仍需强化,数据来源有待丰富和精度需要提高,尤其在软件的本土化、人才队伍和商业模式的培养方面需要持续发力。

2.3 互动研究展望

作为国土空间的一部分,国内城市交通空间经历了40多年的快速发展后,逐步进入以存量优化为主的发展阶段。截至2022年底,我国已建成城市轨道交通线路9575.01km,城市道路55.22万km,面积约108.93亿m²。交通基础设施投资在引导城市发展方面具有重要作用。建设交通基础设施是拉动城市经济增长的一个必要手段,建成后的交通基础设施又为城市的各类经济活动及地区间的要素流通提供了必要载体,对提高城市的辐射和聚集能力有重要促进作用。在"要想富,先修路"理念的推动下,我国大力推动"交通先行"战略,加大交通基础设施建设投资。大量交通基础设施的建设为城市的快速发展提供了强大动力,但不可否认的是,随着城市交通设施规模的不断壮大,其边际效应不断减少,甚至未经仔细研究就建设的交通基础设施会给城市发展带来负面影响。具体表现在以下两方面。

(1)"高流量"但"低增值"

一些城市的枢纽流量虽然位居国内前列,但周边用地性质与交通方式特征严重不符,如空港、铁路港周边的产业大部分不属于临港产业,产业相对传统、结构单一,低增值的多,高增值的少。如何把流量优势转化为发展优势,推动人流、物流、资金流、信息流在城市集聚扩散,促进交通、产业和城市更好地融合发展,是目前必须努力破解的重要难题。

(2)"适度"把握不强

在交通拥堵状况日趋严重的情况下,近年来一些大城市、特大城市积极规划建设城市轨道交通。超前规划建设轨道交通固然很重要,但目前我国轨道交通规划建设中确实存在一些不容忽视的问题。例如,部分城市轨道建设与城市发展相比"太过超前",部分轨道建成线路供给能力严重浪费,而城市的拥堵现象却依然严峻。

随着城市交通不断发展,交通研究的基本对象已经从交通流、交通基础设施转向交通服务和复合交通网络,核心在于解决城市交通发展中的交通与国土空间互动不充分、供需不平衡、多交通方式之间不协同,迫切需要理论研究和技术工具的变革和创新,在有限的空间资源内实现城市交通与国土空间利用的良性互动,推动交通和城市的和谐发展。

国土空间规划体系的建立为我国城市实现交通与国土空间利用良性互动提供了重大契机。城市国土空间规划编制和引导中,交通专项的主要目标应聚焦于城市交通空间与其他各类国土空间的互动。传统使用的交通供需比分析是交通工程领域的指标,主要关心交通基础设施全生命周期的健康发展,在城市高速发展阶段尚可通用,但无法满足国土空间规划体系高质量发展的要求,必须引入新的技术工具,丰富城市交通和国土空间利用互动"工具箱",切实增强两者之间的互动。

总结国内外研究理论发展经验,结合国土空间规划体系刚刚建立的背景,可以发现:建立一个完善的城市交通与国土空间利用互动模型,从顶层设计、数据来源和人才队伍培养方面都需要较长的时间才能完成,短期内无法满足发展要求。因此,可以考虑借鉴交通供需分析的经验,选取1~2个已取得业内共识的工具,如被誉为"城市交通与国土空间之间的桥梁"的可达性,在深入研究国内城市交通与国土空间利用相互关系机理的基础上"本土化",与供需比分析一起构成一个合理的评价体系,作为模型中的一个技术工具先行试用,为国土空间规划的科学性提供支撑。后续再充分利用新技术手段打造可持续发展的城市交通与国土空间利用互动评价系统,逐步形成精准、完备的互动技术评价体系,促进空间要素精准配置,助力科学评价空间利用效益,实现国土空间规划体系中城市交通与国土空间利用的良性互动。

本章参考文献

[1] 杜能. 孤立国同农业和国民经济的关系[M]. 吴衡康,译. 北京:商务印书馆,1986.

[2] 韦伯. 工业区位论[M]. 李刚剑,陈志人,张英保,译. 北京:商务印书馆,1997.

[3] 克里斯塔勒. 德国南部中心地原理[M]. 常正文,王兴中,译. 北京:商务印书馆,2010.

[4] 牛凤瑞. 城市学概论[M]. 北京:中国社会科学出版社,2008.

[5] ALONSO W. Location and land use:toward a general theory of land rent[M]. Harvard University Press,1964.

[6] 赵童. 国外城市土地使用——交通系统一体化模型[J]. 经济地理,2000,20(6):79-83,128.

[7] 毛蒋兴,闫小培. 国外城市交通系统与土地利用互动关系研究[J]. 城市规划,2004,28(7):64-69.

[8] 周素红,杨利军. 交通与土地利用一体化规划管理[J]. 规划师,2005,21(8):14-19.

[9] KIM T J. Integrated urban system modeling:theory and practice[M]. Massachusetts:Norwell,1989.

[10] 邵春福. 交通规划原理[M]. 北京:中国铁道出版社,2004.

[11] LEVINSON D. How land use shapes the evolution of road networks[J]. Transportation Science,2006,40(2):179-188.

[12] VOLD A. Optimal land use and transport planning for the Greater Oslo area[J]. Transportation Research Part A:Policy and Practice,2005,39(6):548-565.

[13] 赵童,谢蜀劲. 国外的城市土地使用与交通一体化研究[J]. 城市轨道交通研究,2003,6(6):45-50.

[14] SOUTHWORTH F. A technical review of urban land use-transportation models as tools for evaluating vehicle travel reduction strategies[J]. Office of Scientific & Technical Information Technical Reports,1995:1-120.

[15] II J E M,KIM T J. Mills' urban system models:Perspective and template for LUTE(Land Use/Transport/Environment) applications[J]. Computers Environ-

ment & Urban Systems,1995,19(4):207-225.

[16] CHANG J S,MACKETT R L. A bi-level model of the relationship between transport and residential location[J]. Transportation Research Part B Methodological,2006,40(2):123-146.

[17] MACKETT,R L. The systematic application of the LILT model to Dortmund,Leeds and Tokyo[J]. Transport Reviews,1990,10(4):323-338.

[18] MACKETT R L. Comparative analysis of modelling land-use transport interaction at the micro and macro levels[J]. Environment and Planning A,1990,22(4):459-475.

[19] 吴兵,王艳丽,李林波. 城市用地再开发与交通拥挤治理策略[M]. 上海:同济大学出版社,2017.

[20] 赵丽元. 基于GIS的土地利用交通一体化微观仿真研究[D]. 成都:西南交通大学,2011.

[21] PARKER D C,MERETSKY V. Measuring pattern outcomes in an agent-based model of edge-effect externalities using spatial metrics[J]. Agriculture, Ecosystems & Environment,2004,101(2-3):233-250.

[22] 焦国安,杨永强,杨菲,等. 美国城市交通模型立法的历史背景[J]. 城市交通,2008,6(2):73-76,86.

[23] 范炳全,张燕平. 城市土地利用和交通综合规划研究的进展[J]. 系统工程,1993(2):1-5.

[24] 杨吾扬. 北京市零售商业与服务业中心和网点的过去、现在和未来[J]. 地理学报,1994(1):9-17.

[25] 李泳. 城市交通系统与土地利用结构关系研究[J]. 热带地理,1998,18(4):307-310.

[26] 曲大义,王炜,王殿海. 城市土地利用与交通规划系统分析[J]. 城市规划汇刊,1999(6):44-45,35.

[27] 杨明,曲大义,王炜,等. 城市土地利用与交通需求相关关系模型研究[J]. 公路交通科技,2002,19(1):72-75.

[28] 葛亮,王炜,邓卫,等. 城市空间布局与城市交通相关关系研究[J]. 华中科技大学学报(城市科学版),2003,20(4):51-53,63.

[29] 王炜,陈学武,陆建. 城市交通系统可持续发展理论体系研究[M]. 北京:科学出版社,2004.

[30] 阎小培,周春山,冷勇,等.广州 CBD 的功能特征与空间结构[J].地理学报,2000,55(4):475-486.

[31] 阎小培,马跃东,崔晓.广州 CBD 的交通特征与交通组织研究[J].城市规划,2002,26(3):78-82.

[32] 毛蒋兴,阎小培.我国城市交通系统与土地利用互动关系研究述评[J].城市规划汇刊,2002(4):34-37.

[33] 李文翎,阎小培.城市轨道交通发展与土地复合利用研究——以广州为例[J].地理科学,2002,22(5):574-580.

[34] 毛蒋兴,阎小培.高密度开发城市交通系统对土地利用的影响作用研究——以广州为例[J].经济地理,2005,25(2):185-188,210.

[35] 毛蒋兴,阎小培.广州城市交通系统与土地利用协调研究[J].规划师,2005,21(8):20-24.

[36] 周素红,闫小培.广州城市空间结构与交通需求关系[J].地理学报,2005,60(1):131-142.

[37] 周素红,闫小培.基于居民通勤行为分析的城市空间解读——以广州市典型街区为案例[J].地理学报,2006,61(2):179-189.

[38] 周素红,闫小培.广州城市居住-就业空间及对居民出行的影响[J].城市规划,2006,30(5):13-18,26.

[39] 潘海啸.轨道交通与大都市地区空间结构的优化[J].上海城市规划,2007(6):37-43.

[40] 潘海啸,沈青,张明.城市形态对居民出行的影响——上海实例研究[J].城市交通,2009,7(6):28-32,49.

[41] 潘海啸,陈国伟.轨道交通对居住地选择的影响——以上海市的调查为例[J].城市规划学刊,2009(5):71-76.

[42] 潘海啸,任春洋.轨道交通与城市公共活动中心体系的空间耦合关系——以上海市为例[J].城市规划学刊,2005(4):76-82.

[43] 潘海啸,任春洋.轨道交通与城市中心体系的空间耦合[J].时代建筑,2009(5):19-21.

[44] 潘海啸.面向低碳的城市空间结构——城市交通与土地使用的新模式[J].城市发展研究,2010,17(1):40-45.

[45] 潘海啸.低碳城市交通建设与上海未来交通发展[J].上海城市规划,2012(2):4-8.

[46] 潘海啸.上海城市交通政策的顶层设计思考[J].城市规划学刊,2012(1): 102-107.

[47] 何宁,顾保南.城市轨道交通对土地利用的作用分析[J].城市轨道交通研究, 1998,1(4):32-36.

[48] 叶霞飞,蔡蔚.城市轨道交通开发利益的计算方法[J].同济大学学报(自然科学版),2002,30(4):431-436.

[49] 王霞,朱道林,张鸣明.城市轨道交通对房地产价格的影响——以北京市轻轨13号线为例[J].城市问题,2004(6):39-42.

[50] 刘金玲,曾学贵.基于定量分析的城市轨道交通与土地利用一体规划研究[J].铁道学报,2004,26(3):13-19.

[51] 郑捷奋,刘洪玉.深圳地铁建设对站点周边住宅价值的影响[J].铁道学报, 2005,27(5):11-18.

[52] 周俊,徐建刚.轨道交通的廊道效应与城市土地利用分析——以上海市轨道通明珠线(一期)为例[J].城市轨道交通研究,2002,5(1):77-81.

[53] 王锡福,徐建刚,李杨帆.南京城市轨道交通建设潜在影响下的土地利用分异研究[J].人文地理,2005,20(3):112-116.

[54] 王媛媛,陆化普.基于可持续发展的土地利用与交通结构组合模型[J].清华大学学报(自然科学版),2004,44(9):1240-1243.

[55] 陆化普,王建伟,袁虹.基于交通效率的大城市合理土地利用形态研究[J].中国公路学报,2005,18(3):109-113.

[56] 杨励雅,邵春福,刘智丽,等.城市交通与土地利用互动机理研究[J].城市交通,2006,4(4):21-25.

[57] 杨励雅.城市交通与土地利用相互关系的基础理论与方法研究[D].北京:北京交通大学,2007.

[58] 刘小平,黎夏,陈逸敏,等.基于多智能体的居住区位空间选择模型[J].地理学报,2010,65(6):695-707.

[59] 刘毅,杨晟,陈吉宁,等.基于元胞自动机模型的城市土地利用变化模拟[J].清华大学学报(自然科学版),2013,53(1):72-77.

[60] 赵丽元.基于GIS的土地利用交通一体化微观仿真研究[D].成都:西南交通大学,2011.

[61] ZHONG M,YU B,LIU S,et al. A method for estimating localised space-use pattern and its applications in integrated land-use transport modelling[J]. Urban

Studies,2018,55(16):3708-3724.

[62] ZHONG M,WANG W,HUNT J D,et al. Solutions to cultural,organizational,and technical challenges in developing PECAS models for the cities of Shanghai,Wuhan,and Guangzhou[J]. Journal of Transport and Land Use,2018,11(1):1193-1229.

[63] ZHONG M,HUNT J D,ABRAHAM J E,et al. A summary of design and development strategies of Wuhan PECAS model[C]//World Conference on Transport Research(WCTR),Shanghai,China. 2016.

[64] WANG W,ZHONG M,HUNT J D. Analysis of the wider economic impact of a transport infrastructure project using an integrated land use transport model[J]. Sustainability,2019,11(2):364.

[65] RAZA A,ZHONG M. Evaluating public transit equity with the concept of dynamic accessibility[C]//2019 5th International Conference on Transportation Information and Safety(ICTIS). IEEE,2019:1463-1468.

[66] 史进,童昕,张洪谋,等.新城转型中的土地利用与能耗变化——UrbanSim应用探索[J].城市发展研究,2012,19(2):98-107,124.

[67] 郑思齐,霍燚,张英杰,等.城市空间动态模型的研究进展与应用前景[J].城市问题,2010(9):25-30.

[68] 郑思齐,霍燚.北京市写字楼市场空间一体化模型研究——基于UrbanSim的模型标定与情景模拟[J].城市发展研究,2012,19(2):116-124.

[69] 张宇,郑猛,张晓东,等.北京市交通与土地使用整合模型开发与应用[J].城市发展研究,2012,19(2):108-115.

[70] 汪光焘,王婷.贯彻《交通强国建设纲要》,推进城市交通高质量发展[J].城市规划,2020,44(3):31-42.

3 城市交通与国土空间利用互动机理与评价模型体系

国土空间规划体系实施后,生产、生活和生态三类空间(简称"三生空间")构成了国土空间的主体要素。不同空间利用对城市交通有不同的要求;反之,同一种交通方式也会对不同空间产生不同的影响。面对"三生空间"的要求以及城市交通的发展,必须深刻理解空间利用与城市交通的互动机理,在供需比分析的基础上,加入可达性评价和协调性研究等技术工具,形成全流程、多层次的互动评价模型体系,精准评价不同场景下不同类型空间与城市交通的互动程度。

3.1 国土空间分类的演变

3.1.1 从"二元空间"到"三生空间"

国土空间分类是根据国土空间用途和利用方式的不同,将国土空间划分为不同类型的过程。不同国土空间类型反映了国土空间开发利用的不同方式和结果。

从时间和进程维度来看,我国国土空间分类演变大致可以分为3个阶段:城乡二元分类阶段、城乡统一分类阶段、"三生空间"融合分类阶段。

(1)城乡二元分类阶段

从20世纪80年代起,我国有关部门开展了大规模的国土资源利用分类体系研究。1984年全国农业区划委员会印发的《土地利用现状调查技术规程》第二章"土地利用现状分类"的重点是对农村地区的土地利用情况进行分类调查;1989年国家土地管理局发布的《城镇地籍调查规程》中提出了"城镇土地分类及含义",进一步对城镇土地做了分类,两者共同构成一套完整的城乡土地分类系统。其中,"土地利用现状分类"采用两级分类:一级设8类,二级设46类;同时,各地根据需要可进行三、四级分类;"城镇土地分类及含义"也采用两级分类:一级设 10 类,二级设 24 类。

本阶段处于《中华人民共和国土地管理法》颁布和初次修订时期。《城镇地籍调查规程》的发布机构由全国农业区划委员会调整为国家土地管理局。国家土地管理局的成立保障了在分类基础上,全国第一次土地调查和土地利用总体规划的开展完成。分类体系不仅为完成我国土地利用现状调查和城镇地籍调查、土地登记发挥了重要作用,而且为土地管理部门掌握各类土地的面积、利用状况提供了依据。

(2)城乡统一分类阶段

随着《中华人民共和国土地管理法》的进一步修订,1998 年"十分珍惜、合理利用土地和切实保护耕地是我国的基本国策"被以法律的形式予以明确。《中华人民共和国土地管理法》规定国家实行土地用途管制制度,将土地分为农用地、建设用地和未利用地,打破了城乡用地分割的界限。为适应社会主义市场经济发展和实施土地用途管制制度的需要,有效实施城乡地政统一管理,2001 年国土资源部印发的《全国土地分类(试行)》制定了城乡统一的全国土地分类体系,采用四级分类:一级类设 3 个,即《中华人民共和国土地管理法》规定的农用地、建设用地、未利用地;二级类设 15 个;三级类设 71 个;四级类设 10 个。根据《中华人民共和国土地管理法》,"农用地是指直接用于农业生产的土地,包括耕地、林地、草地、农田水利用地、养殖水面等;建设用地是指建造建筑物、构筑物的土地,包括城乡住宅和公共设施用地、工矿用地、交通水利设施用地、旅游用地、军事设施用地等;未利用地是指农用地和建设用地以外的土地"。从农用地、建设用地及未利用地三者的概念上看,这种土地利用类别的划分既比较简捷、易懂,又十分严谨和科学。根据农用地、建设用地、未利用地(简称"三大类")各自构成的主要要素继续划分而形成的二级分类,更能够体现三大类的具体情况。在土地管理和制订国民经济发展计划中,调整三大类之间的比例和三大类中各自类别内部要素之间的比例,可满足国民经济和社会发展及其生态环境状况相协调的需要,实现经济的可持续发展。

本阶段土地管理的法律制度、组织机构、技术手段等已形成一套完备的体系,重点为加强土地管理、切实保护耕地服务。

(3)"三生空间"融合分类阶段

2007 年,国家质量监督检验检疫总局和标准化管理委员会联合发布《土地利用现状分类》(GB/T 21010—2007),标志着我国土地利用现状分类第一次有了国家标准。国家标准采用一级、二级 2 个层次的分类体系,共分 12 个一级类、57 个二级类。该分类既是城乡统一分类的延伸,又能与其他部门使用的分类相衔接,已初步具有"三生空间"分类的雏形。第二次全国土地调查和《全国土地利用总体规划纲要(2006—2020年)》编制均以此为基础。

2012年12月8日,党的十八大报告在阐述生态文明建设、优化国土空间开发格局中提出"促进生产空间集约高效、生活空间宜居适度、生态空间山清水秀",首次以政治的视角、从战略的高度,用通俗易懂的语言总结出了生产、生活、生态空间的发展要义。

2013年11月12日,党的十八届三中全会通过了《中共中央关于全面深化改革若干重大问题的决定》,又一次在加快生态文明制度建设、健全自然资源资产产权制度和用途管制制度中提出"建立空间规划体系,划定生产、生活、生态空间开发管制界限"。

2017年1月,国务院印发的《全国国土规划纲要(2016—2030年)》要求,坚持国土开发与资源环境承载能力相匹配、人口资源环境相均衡,根据资源禀赋、生态条件和环境容量,明晰国土开发的限制性和适宜性,划定城镇、农业、生态三类空间开发管制界限,科学确定国土开发利用的规模、结构、布局和时序。秉持满足生态用地保护需求、明确新兴产业用地类型、兼顾监管部门管理需求的思路,2017年《土地利用现状分类》(GB/T 21010—2017)对分类进一步进行了完善(一级类维持12个不变,二级类由57个增加到72个),对土地类型(简称"地类")等进行了细化和调整,增加了农用地、建设用地和未利用地三大类所包含的地类及湿地对应的归类,充分体现生态文明建设和"三生空间"的时代背景,并在第三次全国土地调查和新一轮土地利用总体规划中全面应用。

在研究城市交通与国土空间利用的互动时,需要充分考虑不同用地类型的交通需求。城镇、农业和生态三类空间对城市用地功能的界定不够明确。将国土空间划分为生产、生活、生态空间,相比于城镇、农业和生态三类空间,三生空间的可操作性更强,便于调整城市用地的结构与布局。三生空间的分类能够直接用于国土空间开发、城市用地规划等管理实践。

3.1.2 "三生空间"的概念及内在联系

国土空间规划中的"三生空间"既有别于以往各类规划中的相关概念,又与这些概念存在密切联系。

在主体功能区规划中:国家级重点开发区域以生产和生活功能为主导;限制开发区域内国家级重点生态功能区、农产品主产区以生态功能为主导,限制开发区域内县城规划范围和市级工业园区等以生产和生活功能为主导;禁止开发区域内国家级禁止开发区域、省级禁止开发区域以生态功能为主导。

在土地利用总体规划中:全域土地根据实际用地情况分为基本农田保护区、一般农用地区、城镇村建设用地区、独立工矿区、风景旅游用地区、生态环境安全控制区、自然与文化遗产保护区、林业用地区和牧业用地区。其中,生产空间涵括基本农田保护区、一般农地区、独立工矿区、林业用地和牧业用地区,生活空间涵括城镇村建设用地区、风景旅游用地区,生态空间涵括生态环境安全控制区、自然文化与遗产保护区。

在城市总体规划中,生产空间主要为工业用地、物流仓储用地和采矿用地,生活空间主要为居住和广场用地,生态空间主要为绿地和非建设用地。生产、生活混合空间主要为公共管理与公共服务设施用地、商业服务设施用地、道路与交通设施用地、公用设施用地、区域交通设施用地、区域公用设施用地、特殊用地和其他建设用地等。

国土空间规划"三生空间"中,生产空间是以承载生产功能为主,为人类提供生产经营活动的空间载体;生活空间是容纳居民日常生活活动发生和进行,以及满足城市居民各种日常生活活动需要的场域;生态空间是具有自然属性,以提供生态产品或者生态系统服务为主要功能,涵盖森林、草原、湿地、河湖等要素的区域。

"三生空间"彼此交叉与融合。在人类经济社会发展的不同阶段,三者的主导地位和作用在不断演变。其中,生产空间为生活空间提供农副产品、工业产品以及服务等,也为生态空间服务功能提升提供经济支撑,确保城市的生存与发展;生活空间为生产空间中的生产经济活动延续和培育劳动力,并为生态空间提供生态产品与服务的消费对象,实现城市生活质量的提高和幸福感的提升;生态空间通过提供生产资料、生态产品与服务来支撑生产、生活空间的生态资源需求等,并利用自我调节修复能力来消解生产、生活空间中人类活动产生的污染,保障城市生态安全和可持续发展。三者内在联系示意图如图 3-1 所示。

通过理解"三生空间"的内在联系,可以认为生产空间由市场主导、以创新驱动转型,生活空间由社区主导、以人为本发展,生态空间由政府主导、严守生态保护红线。要把握好"三生空间"的内在联系,以国土空间规划为引领,统筹推进土地综合开发的全域全要素实施,激发以生态文明为本底,促进提升"三生空间"耦合协调水平,最终形成以生产集聚高效和生活包容宜居为内涵的城市活力。

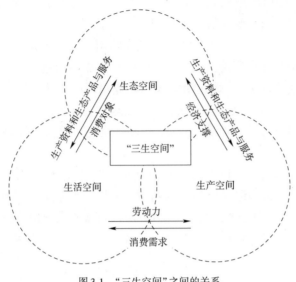

图 3-1 "三生空间"之间的关系

3.1.3 "三生空间"的划定

"三生空间"的划定是科学研究城市交通与国土空间利用的互动关系、促进国土空间高效利用的重要前提，因此"三生空间"的用地分类不仅要结合现状用地分类，更要注重国土空间利用功能导向。本书在充分借鉴前人空间理论研究和分类体系构建的前提条件下，遵循生态优先、科学合理构建空间格局的原则，以国土空间利用功能为导向，将"三生空间"进一步细化；同时，依据空间尺度，以根据某空间尺度划分的交通小区中主导的空间作为该尺度下的主体空间功能进行分析。

一级类包括生产、生活和生态空间三大类，二级类包括农业空间、工业空间、运输业空间、生产性服务业空间、居住生活空间、非公益类公共服务空间、公益类公共服务空间、城市生态空间和远郊生态空间共9个小类。在生产空间里，农业空间主要与农林用地相对应，工业空间与工业、采矿用地相对应，运输业空间依托于物流仓储用地，生产性服务业空间依托于商务设施用地等；在生活空间里，居住生活空间依托于居住用地和城乡居民点用地，非公益类公共服务空间依托于商业设施、娱乐康体等用地，公益类公共服务空间依托于公共管理与公共服务用地；在生态空间里，城市生态空间依托于公园、防护绿地等，远郊生态空间依托于水域、其他用地等。国土空间分类与用地性质的对应关系图如图3-2所示。

3 城市交通与国土空间利用互动机理与评价模型体系

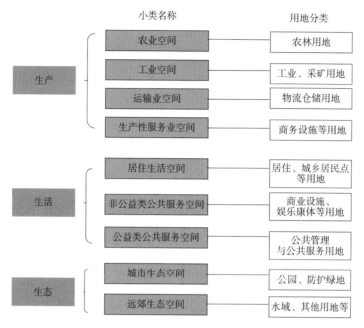

图 3-2 国土空间分类及与用地性质的对应关系

3.2 城市交通与"三生空间"的互动机理

3.2.1 "三生空间"对城市交通的要求

一般而言,不同国土空间利用产生的交通需求特征不同,对城市交通的要求也不同。

生产空间里的人类生产活动主要包括农林牧渔、采矿制造和生产性服务活动。其中,生产性服务主要指研发设计与其他技术、货物运输、仓储与邮政快递、信息、金融、节能与环保、生产性租赁、商务、人力资源管理与培训、批发经纪代理、生产性支持等服务;与之对应的生产用地主要包括商业服务设施、工业、物流仓储、采矿及其他建设用地。农林牧渔、采矿制造的产品运输以公路、铁路等经济性交通方式为主;传统的生产性服务活动以公路、铁路等经济性和速度兼顾的交通方式为主;高端生产性服务活动则以高速铁路等相对高效的交通方式为主。

生活空间是人们用来满足休憩、消费、娱乐休闲及一些特殊需求而使用的空间。其中，居住生活空间为人们提供休憩的场所，是比较典型的生活用地；公益类公共服务空间主要包括公共管理与公共服务用地；非公益类公共服务空间主要用于商业、服务业、娱乐业等。城市交通与生活空间的关系主要强调交通和住房保障、公共与社区服务之间的互动关系。生活空间对城市交通的需求主要以地铁、公交、私人小汽车（简称"小汽车"）为主。居住生活空间应关注步行、自行车交通系统的构建，满足城市居民的"慢生活"活动需求。

生态空间是市域范围内的生态开敞空间。生态空间主要分为城市生态空间和远郊生态空间。其中，城市生态空间是城市居民周末、节假日外出休闲旅游的主要去处，也是保障城市生态用地的主要场所，其与交通的关系主要强调交通与环境的可持续发展，对城市交通的需求以地铁、步行等为主；远郊生态空间一般为重要生态功能区，应减少人类活动对生态的影响，其对于城市交通的需求较少。

3.2.2 城市交通系统与"三生空间"的互动

城市交通系统与"三生空间"之间存在互相促进和互相制约的关系。交通系统的发展完善可以促进空间的利用，尤其是生产空间和生活空间。相应地，生产和生活空间利用形式的改变也能够刺激新的交通需求产生。粗放型的城市发展造成了建设空间无序蔓延、土地资源浪费以及利用效率低等不良现象，节约集约利用土地资源是高质量发展的必由之路。从一个空间到另一个空间的难易程度被称为可达性，表明了空间之间在时空上可接近的便利程度。因此，通过改善交通条件增强可达性，将"三生空间"的各个组成元素联系起来，形成联系便利、可达性强的空间秩序组织网络，对城市节约集约利用土地资源十分关键。

空间只有纳入人类的行为活动时才能体现其价值。换言之，只有注重在人类的行为活动中提供更优质的运输服务，追求多层次交通与多元化国土空间利用的协调，才能够推动城市交通健康发展，实现国土空间资源的可持续利用。城市交通的组织模式和设施配置的合理性更是影响着居民的居住感受和整个城市的空间格局。因此，探究"三生空间"与交通设施的布局关系，是城市交通与国土空间利用互动研究的基本出发点。

生产空间中，工业空间中的采矿制造等生产活动对经济成本较敏感，其用地倾向于靠近港口、铁路等对外交通设施发达的区域，而制造业向交通成本洼地集聚，其用地与高速公路、港口等交通设施紧密相关；生产性服务业空间中的传统生产性服务活动对经济、时间成本较敏感，其用地布局与高速公路、铁路等交通设施紧密相关;高端生产性服务业向人才、技术、资本等要素聚集的高地集聚,对时间成本敏感,其用地布局与机场、高速铁路车站、城市轨道交通车站等设施紧密相关。

生活空间中,居住生活空间中的出行活动对准时性较敏感,出行更多地依赖轨道交通;非公益类公共服务空间中的出行活动则对舒适性更敏感,考虑需求管理的干预,出行会更多地依赖小汽车;公益类公共服务空间中的出行活动对价格较敏感,出行更倾向于常规公交和步行。生活空间对应的出行方式如图3-3所示。

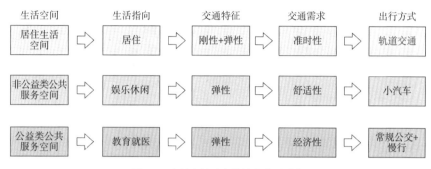

图3-3 生活空间对应的城市交通形态

生态空间以保护为主要目的,允许部分对环境威胁较小并且不会干扰生态系统的农林生产、生活居住和文化休闲活动进入。为了避免城市交通对生态保护区的干扰,应更多采用低环境影响的交通方式,且使交通设施的布局不破坏原有生态环境。

传统经济地理学和新经济地理学的相关理论均表明了交通是产业空间发展的重要支撑因素。梳理城市发展进程可知,通常能够代表当时技术水平的交通方式会主导空间城市产业布局、参与城市空间组织,最终形成产业、空间与交通相互的对应支撑关系。

在城市外围,产业是交通的主要服务对象,不同产业空间对交通设施的需求不同。资源密集型产业对原材料、燃料需求较大,规模运输量大,运输成本占产业成本比重较大,布局多与港口、铁路等交通设施紧密相关;资本密集型产业强调产品快速运输,对门到门运输速度要求较高,布局多与高速公路、铁路等交通设施紧密相关;信息密集型产业更注重信息的高效流通,其布局与高速铁路、机场等交通设施紧密相关。以广州市为例,其城市发展演变历程可以分为4个阶段:水运时代、铁水时代、铁水公时代和综合高速时代(图3-4)。秦汉时期,港口、水运支撑造船及手工业等相关产业发展。1900年以后,随着广三、广九、粤汉等铁路的建成通车,铁路成为广州对外交通的重要方式。西村铁路站带动了硫酸、电解、饮料等资源密集型产业的发展,形成了西村工业区。从20世纪50年代开始,广州市先后打通了东风路、环市路和江南大道等,建设了高速公路,形成了资本密集型产业。自2004年起,在白云国际机场、广州南站等重大交通枢纽的带动下,部分区域吸引了一大批信息密集型产业组团集聚。

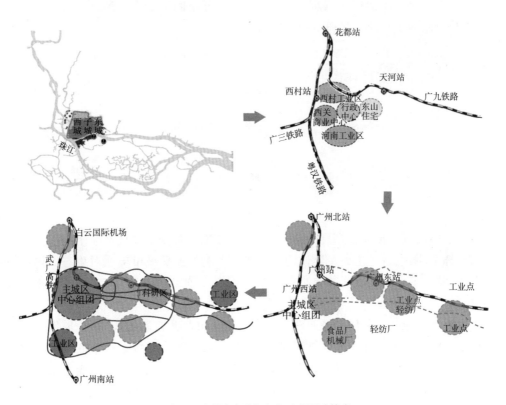

图3-4 广州市交通与产业、空间历史演变

在城市内部,人是交通服务的主要对象,到达不同产业空间的人群的主导交通需求也不同。以广州珠江新城为例,通过对调查数据的统计分析发现:到达商务办公区域(生产性服务空间)的人群追求可靠性、舒适性,他们的主导交通方式为地铁、小汽车[图3-5a)];到达教育、医院、学校等(公益类公共服务空间)区域的人群追求舒适性、经济性,他们的主导交通方式为步行、小汽车和地铁[图3-5b)];到达购物休闲娱乐等区域(非公益类公共服务空间)的人群追求舒适性、可靠性,他们的主导交通方式为步行和小汽车[图3-5c)];到达社区、住宅等(居住生活空间)区域的人群追求可靠性、经济性,他们的主导交通方式为步行[图3-5d)]。

3 城市交通与国土空间利用互动机理与评价模型体系

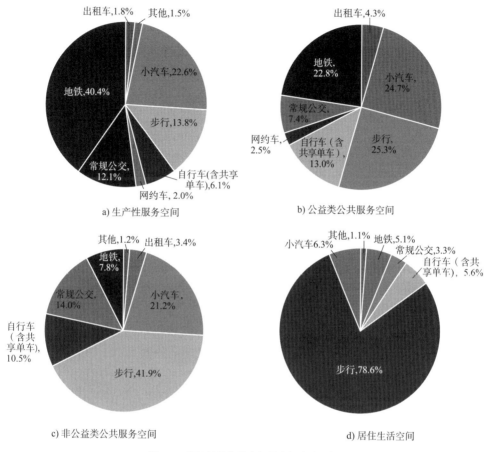

图 3-5 珠江新城各类空间的出行方式比例

总之,国土空间规划应充分考虑城市交通与国土空间利用之间的互动,最大限度地发挥交通的效用,满足国土空间利用高质量发展的要求。

3.3 城市交通与国土空间利用互动评价模型体系

3.3.1 工具选取

城市规划、设计更关注空间的经济性,对交通等各类要素缺乏精细的统筹兼顾,导致区域内存在交通与空间利用不协调问题。国土空间规划体系建立后,城市设计不仅要实现全局指标把控,还要适应不同发展阶段要求的评价工具。选取供需比分析、可达性评价和协调性研究共同作为交通与国土空间利用互动评价的3种技术工具。3种技术工具采用不同技术路径进行评价和计算,其适用阶段对高质量发展的要求逐渐上升,对交通和国土空间利用互动的描述细节逐渐增多。

不同技术工具适用范围如下:

(1)供需比分析。供需比分析只要求出行需求和设施容量数据,评估成本低,结果易理解。国土空间规划体系适用于城市发展初期和中期、规划背景较简单的区域或地块,在区域或地块开发类型混合度较高时应用效果更好。但是,该指标从交通工程视角出发,集中在交通设施的使用效率上,缺乏对空间利用的关注,无法区分设施和开发类型、出行质量等其他因素,难以描述较高水平的交通和国土空间利用互动。

(2)可达性评价。提出可达性概念的学者主要来自地理学、城市规划领域。与供需比强调的设施最优相比,可达性强调系统最优。可达性评价需要交通和国土空间利用因子组成的体系支撑,该因子体系主要由交通因子组成,与居民出行质量高度相关。国土空间利用因子则是较基础的社会经济指标,如区域常住人口、就业岗位等。可达性评价配备4种可达性基础算法组成的算法仓。计算可达性前,每种评价因子都需要经过适配的可达性基础算法处理。目前,可达性在国内部分城市初步实践,而且出现在试行的政府文件中,适用于城市发展全过程。特别是国土空间规划体系推出之后,可达性对高质量发展要求较高的城市和区域尤其适用。

(3)协调性研究。协调性研究基于城市规划领域较为常用的节点-场所模型开展。尽管目前节点-场所模型极少在国内外规划实践中应用,但该模型因简单易懂、能有效反映设施和用地关系的特点,已经在学术界和规划研究领域得到广泛的应用和拓展。与可达性相比,协调性可以选用的国土空间利用因子数量更多,能够进一步细化可达性应用的场景。由于传统的节点-场所模型存在一定缺陷,因此协调性需在节点-场所模型上进行改进,并给出输入因子的优化参考值。协调性是广交研在《广州市国土空间总体规划》编制期间自主研发的技术工具,仅在广州有一定的实践,缺乏更多城市的应用,其适用效果有待论证。城市交通与国土空间利用互动评价技术工具的特点和适用范围如图3-6所示。

3 城市交通与国土空间利用互动机理与评价模型体系

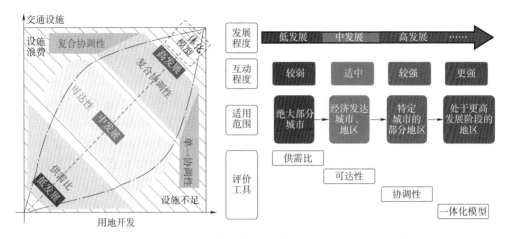

图3-6 城市交通与国土空间利用互动评价技术工具的特点和适用范围

3.3.2 要素组成

(1)输入因子

与使用单维度交通因子的供需比分析相比,可达性评价和协调性研究增加了国土空间利用因子维度。虽然具体因子和使用权重存在区别,需要分别进行构建,但在大类分类上基本相同。交通因子与交通服务水平相关,如对外出行的交通服务以对应的时间成本为评价因子,公共交通出行以公交线网密度、公交覆盖率为评价因子,轨道出行以轨道线网密度、轨道站点覆盖岗位人口为评价因子,慢行出行质量以次支路网密度、步道宽度为评价因子。国土空间利用因子主要与出行活动强度相关,如用地开发规模以容积率、地块面积为评价因子,服务覆盖规模以常住人口、就业岗位为评价因子。国土空间利用因子还可以按不同用地类型继续细分为生产、生活、生态3类,具体的因子可根据规划场景的不同进行选择。

(2)数据类型和来源

确定输入因子后,还需要明确具体的数据类别和来源。

交通因子的数据类别包括交通设施数据(如道路网络、轨道网络、常规公交网络、慢行网络等)、服务水平数据(如拥堵情况、出行时间、出行费用等)和出行特征数据(如居民出行特征、道路流量、客流量、饱和度等)。

国土空间利用因子的数据类别包括土地利用数据(如用地类型、地块轮廓、容积率等)、社会经济数据(如常住人口、就业岗位、楼面价格、地价等)和信息平台数据(如兴趣点、卫星遥感数据等)。

上述两大类数据的主要来源包括城市用地信息平台(政府规划部门提供)、调查数据(政府统计部门提供)、手机移动信令(移动运营商提供)、互联网和大数据平台(数据服务商提供)、地图和遥感平台(地图服务商提供)。

(3)标定参数

国土空间规划评价过程中所需的标定参数基本为不同因子或二次处理值的权重(重要度),赋予权重的方法按照赋权方法可分为主观方法和客观方法及主、客观混合方法。主观方法包括专家打分法等,客观方法包括熵权法、模糊综合评价、主成分分析法等,主、客观混合方法包括层次分析法等。客观方法由于流程固定、无须人工干预,具备良好的自动化条件,可封装在程序中,自动确定权重。

可达性评价中的因子权重基于专家打分法、层次分析法等方法确定;协调性研究中的因子权重在评价过程中由模型直接定量计算,实现重要度自适应,无须使用人工或其他方法。

(4)应用算法

为适应国情和国土空间规划体系,对可达性评价和协调性研究的输入因子进行了一定程度的简化,但在评估流程中仍需要使用一定的算法进行数值计算。可达性评价过程中主要依靠4种可达性基础算法组成的可达性算法仓,在处理因子的过程中会根据因子的特征从算法仓中选取合适的可达性基础算法进行计算。协调性研究过程中主要使用改进的节点-场所模型和数据包络分析(Data Envelopment Analysis,DEA)方法,前者是城市规划学术界中广泛使用的交通和用地互动评价方法,后者是经济生产部门常用的投入产出效率评估方法,用于评价设施资源投入和开发回报效率。为了使输出指标通俗易懂、易于使用,还需开发流程二次处理算法结果,以满足数值为一维数值、等级可分、区域间可比、可直接可视化、可直接应用至规划成果等要求。作为可达性评价和协调性研究的核心,算法主要负责因子的量纲归一、参数标定、输出指标优化等功能。

(5)输出指标

为适应国土空间规划对评估流程和结果展示的要求,可达性评价和协调性研究的输出指标应符合国土空间规划体系和规划界常用表达习惯,并与以往城乡规划等标准规范衔接。与可达性评价的平行分类相比,协调性研究的输出指标可以根据规划场景对交通和用地互动的评价精度要求递进细分为单一协调性和复合协调性输出指标。

3.3.3 评价尺度

城市规划和交通规划研究中常用的研究单元类型有交通小区(Traffic Analysis Zone,TAZ)、缓冲区(Buffer)、网格(Grid)。交通小区主要依据自然地理边界、行政边界、人口特征、经济特征、社会特征、道路网络特征、专家经验等划分。根据这些"间接证据"可推断交通小区的交通特性是否一致。缓冲区则更多应用于"点、线"(如居住聚集区、轨道交通站点、轨道交通线路、公交站点、公交线路等点、线状单元)的研究中,如以轨道交通站点为中心建立一定半径范围的圆形缓冲区,或者以轨道交通线路为中心线建立的条形缓冲区。网格又称栅格,多应用于密集型数据的研究,此类研究将整个目标区域划分为相等大小的网格,作为基本单元。网格类型有正方形网格、泰森多边形网格、六边形网格等。

在单元性质方面,缓冲区不适用于整个区域的"面"类研究;网格可以在尺度和类型上自由变化,但网格划分标准大多根据数据采集精度确定,会打破产业园区、居民小区等固有单元,不适用于区域的统一管理和规划。在单元数据方面,缓冲区没有考虑自然、人工边界对出行的阻隔作用,经常将研究对象无法接触区域纳入研究范围;网格在数据量较小、数据分布有限的区域(如郊区、绿地、水系等)与其他区域保持同样的精度,容易在评估过程中造成精度和计算浪费。交通小区考虑了区域内出行特征的一致性,以自然或人工阻隔作为边界,不同区域采用不同的小区大小,比较适合城市的交通研究,尤其是交通出行特征预测以及区域的交通和空间利用协调研究。对于整个城市而言,不同区域的人口规模、土地开发强度、居民的出行规律有着较大差异,因此,将交通小区作为城市级别评价的基本空间单元,能够帮助缩小交通问题的处理范围,因地制宜地制定更有效的优化方案以及政策。

由于一个交通小区内可能存在多种类型的空间利用且均不占主导地位,即空间利用类型均衡的混合型交通小区。对这种小区仅用一种"三生空间"类型去代表并不合理,因此在对同一交通小区进行评价时,可采用多种输入因子组合对交通小区从不同角度进行评价。

3.3.4 整体框架

除上述技术工具、要素组成、评价尺度外,完整的城市交通与国土空间利用互动评价系统还包括算例验证、适用范围、应用场景、可视化等内容。城市交通与国土空间利用互动评价整体框架主要分为以下部分:

（1）构建技术工具

评价工具由工具选取、输入因子（包括对应数据类型）、应用算法、评价流程、输出指标组成。供需比分析、可达性评价和协调性研究3种技术工具均为普适性方法，可在多场景、多尺度下处理组合的输入因子并应用算法计算，输出对应评价指标。

（2）加入在地数据

在地数据由输入因子对应的数据类型和来源组成。根据评价单元和评价精度确定处理输入因子所需要的基础数据。在校核和应用前根据指定来源完成数据采集。

（3）校核与应用

在进行城市交通与国土空间利用互动评价实践应用前，需要结合具体案例对技术工具的有效性和准确性进行校验。校验方法包括小型案例试算和与其他成熟评价方法对比。由于供需比分析、可达性评价、协调性研究的应用算法、评价流程和输出指标基本固定，部分输入因子的数据采集过程也可实现自动化，因此可以基于以上技术工具构建展示系统，在输出指标可视化的基础上，在系统后台添加数据采集、指标计算功能。

城市交通与国土空间利用互动评价整体框架如图3-7所示。

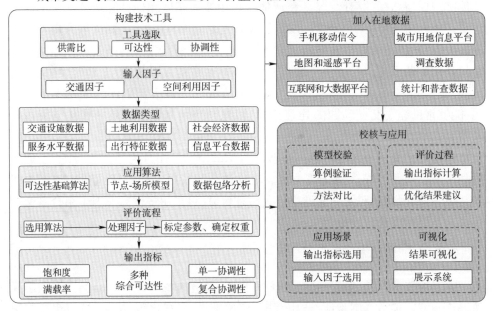

图3-7　城市交通与国土空间利用互动评价整体框架

本章参考文献

[1] 朱媛媛,余斌,曾菊新,等.国家限制开发区"生产—生活—生态"空间的优化——以湖北省五峰县为例[J].经济地理,2015,35(4):26-32.

[2] 吴启焰,何挺.国土规划、空间规划和土地利用规划的概念及功能分析[J].中国土地,2018(4):16-18.

[3] 黄金川,林浩曦,漆潇潇.面向国土空间优化的三生空间研究进展[J].地理科学进展,2017(3):378-391.

[4] 张慧芳.新形势下土地利用分类的比较研究[J].安徽农业科学,2018,46(33):197-200.

[5] 国土资源部.市(地)级土地利用总体规划编制规程:TD/T 1023—2010[S].北京:中国标准出版社,2010.

[6] 中华人民共和国国家质量监督检验检疫总局,国家标准化管理委员会.土地利用现状分类:GB/T 21010—2017[S].北京:中国标准出版社,2017.

[7] 高胜庆,刘花,顾宇忻,等.交通与国土空间协同评价方法及应用——以广州市为例[J].城市规划,2021,45(9):35-45.

[8] MORRIS J M, DUMBLE P L, WIGAN M R. Accessibility indicators for transport planning[J]. Transportation Research Part A: General,1979,13(2):91-109.

[9] 陈宇璇.面向城市活力的土地综合开发[D].杭州:浙江大学,2022.

[10] 黄舒弈,章明.滨水工业区转型中的用地多样化过程与弹性规划机制——以巴尔的摩内港为例[J].国际城市规划,2023,38(4):122-131.

[11] 吴兵,王艳丽,李林波.城市用地再开发与交通拥挤治理策略[M].上海:同济大学出版社,2017.

4 可达性理论发展和实践案例

可达性最早采用公交系统作为主评价因素在伦敦取得法定地位,近年来逐步发展为评价城市交通与土地是否协同发展的技术工具。该工具具有分析情景多、分析尺度全、分析维度巧、数据需求少、应用门槛低、展示效果好等优势,目前已在国外多个国家得到了实践。国内的上海、杭州、武汉、深圳等城市也在积极开展探索性研究,将可达性应用于国土空间规划体系的各类场景,加强城市交通与国土空间利用的互动。

4.1 理论发展

4.1.1 定义辨析

可达性一般指出行者利用给定的城市交通系统从出发地点到达活动地点的便利程度。可达性一方面反映不同国土空间利用情况下出行者对交通资源占用的可能性,另一方面反映出行者参与特定活动或使用公共设施的机会。可以说,可达性是城市交通与国土空间相互作用的关键因素,如图 4-1 所示。

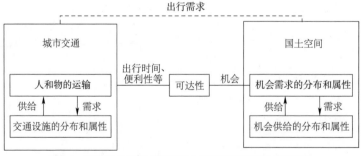

图 4-1 可达性是城市交通与国土空间相互作用的关键因素

可达性产生于区位理论,被认为是反映交通费用的基本指标。1959年,汉森(Hansen)最早将可达性定义为交通网络中各个节点相互作用的机会大小并对其进行计算。

随着可达性研究的不断深入,更多的定义和评价方法相继出现。值得注意的是,早期的可达性无论是定义还是评价方法都很难统一,差异主要源自对可达性定义的不同理解。下面列出了一些研究文献中对可达性的不同定义。

国外对可达性的定义大致分为4类:①个人参与活动的自由度;②人或物到达目的地的潜力;③在一定的交通系统中,到达某一地方的难易程度;④空间交互影响的潜力。国内对可达性的定义大致有8类:①居民出行最短平均时间或最短平均距离;②规划区内所有交通区至该区的平均出行时间;③城市用地在时空上可接近的方便程度;④交通的便捷程度;⑤由土地系统-交通系统所决定的,人(货物)通过一定的交通方式到达目的地或参与活动的方便程度;⑥克服空间阻隔的难易程度(两地之间空间阻隔越大,可达性越小,反之则越大);⑦基于个人的出行效用(效用越大,可达性越高,反之则越低);⑧城市居民从居住地出发,到参与活动(如就业、上学、购物、娱乐等)的目的地的便利程度(采取加权平均距离指标衡量)。

除了时空意义上的可达性之外,还有社会学、心理学意义上的可达性。虽然国内外对可达性的定义不同,但是对可达性本质特征的理解却比较接近,具体包括:①计算出来的可达性值的大小本身不具解释力,只有在某种特定场景下对各个地点的可达性值进行比较才具有解释力。可达性不是地点自身的品质,而是反映该地点在整个区域中所处的地位或区位。②如果两点间的通达不是单向的,则可达性值具有双向对等性:A通达至B的值等于B通达至A的值。③可达性虽然是两个地点间克服空间阻隔发生作用的指标,但是这种相互作用一般发生在两个活动实体(如居民与就业岗位)之间,即计算实体间的可达性是以空间作为中介的,空间上的可达性即等同于人(货物)的活动可达性。

可达性是城市居民出行行为决策中非常重要的影响因素,应在城市交通与国土空间互动的评价中广泛应用。但目前的定义和公式大多是浮于表面的主观主义和经验主义,在实际应用中受到限制。

4.1.2 发展历程

根据时间顺序,可达性研究的发展历程可分为以下3个阶段。

(1)时间地理学框架阶段

20世纪60年代末,哈格斯特朗(Hägerstrand)提出的时间地理学为可达性研究提供了一个新的视角。在时间地理学角度建立的可达性研究框架的中心内容是时空约束和时空棱柱（图 4-2）。时空约束是个人活动的时间和空间特性所引起的对于活动选择的限制,时空棱柱则是某一个体在特定的时空约束下可能的活动空间。

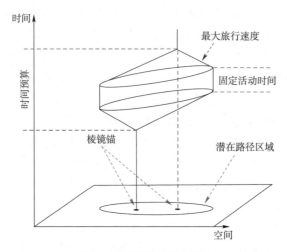

图 4-2　时空棱柱平面示意图

基于时空地理理论,一些学者将约束个体活动的时间和空间因素与其他社会、经济、文化等因素相结合,评价用于增强区域可达性不同措施的有效性。雷克尔(Recker)等利用时空棱柱分析了高效的家庭出行决策对于节约时间并由此增加可达性的影响。结果表明,大量时间的节约将会促使城市内出行者优化其出行行为。时间地理学在可达性研究中的应用主要体现在两个方面：①利用基于 GIS 的地理信息方法建立时空可达性的理论模型,并在此基础上解释地理背景和尺度对于个体可达性的影响。②建立行为空间理论模型,研究可获得机会的空间分布对个体活动选择的影响。由此可见,这一研究框架主要应用于城市区域内个体可达性的研究。

（2）数理方法与 GIS 技术的混合应用阶段

21 世纪初,GIS 技术的普及和众多数理方法的引入为可达性研究提供了简便、精确和有效的工具。例如,采用神经网络、贝叶斯估计方法、空间作用理论模型对空间网络进行研究;引入矩阵方法,构造网络中的加权最短距离,以衡量可达性的变化。美国某综合社会科学空间中心认为,对可达性定义和研究方法的分析是理解社会、经济和政治观点的基础。美国某综合社会科学空间中心开展的许多研究致力于采用各种空间分析方法解决现实生活中的可达性问题。其中,奥凯利(O' Kelly)和霍纳(Horner)利用可达性对美国县域人口统计数据进行了研究。结果表明,美国的人口分布趋势表现为"阳光地带"仍然是人口高速增长区域,而平原地区和阿巴拉契亚地区在过去10年中人口处于减少趋势。金(Kim)和关(Kwan)将 GIS 技术与时空棱柱相结合,很好地表述了城市中获取资源服务或发展机会的可能性(简称"机会可获得性")的时空特性,改进了个体可达性的定量分析方法。

(3)新兴空间大数据采集技术阶段

随着大数据时代的到来,传统的数据获取方式和手段被彻底改变,也为可达性研究提供了全新的技术方法。"海量、实时、动态、精确"的新兴空间大数据采集技术将为可达性研究提供更全面、系统和精准的支撑,更有利于获得富有价值的研究结果。

4.1.3 影响因素

可达性的影响因素分为城市交通和国土空间两个方面。

(1)城市交通方面

城市交通方面的影响因素包含交通供给、交通需求及交通供需相互作用。

①交通供给

交通供给即交通基础设施的供给,包括位置和特征,如设计时速、车道数、公共交通时间表。

②交通需求

人或物的交通需求与时间和个体特征密切相关。

时间因素包括两个部分:不同时段的机会可获得性和个人参与活动的时间限制。时间因素可以追溯到哈格斯特朗(Hägerstand)和蔡平(Chapin)城市活动系统研究。该研究将时空棱柱应用于可达性评价,分析人们在时间约束的条件下可以到达的区域范围。

个体因素对社会和经济活动的可达性影响很大。个体因素可以分为需求、能力和机会3类。其中,需求与年龄、收入、家庭条件等因素密切相关。例如,有婴儿的家庭对小汽车的需求更大;通常情况下,收入水平偏低的人群出行的距离会越远;老年人由于行动不便,出行距离相对较近。小汽车拥有者更加偏向于采用小汽车出行。在城市中心,各种娱乐、购物、商业等服务设施很齐全,人们往往选择步行等非机动方式出行。能力包括两个方面:身体条件和技术能力。例如,身体残疾和智力缺陷的人群不适宜采用小汽车的出行方式。即使身体健康,想要采用小汽车出行也必须拥有驾驶执照。机会指居民的就业机会,其中低学历、低收入人群就业选择的局限性会加大就业压力,迫使其不得不长距离通勤,寻找就业机会。

③交通供需相互作用

交通供需相互作用即交通基础设施供给与需求相互作用的结果,如道路交通的空间分布、出行时间、出行费用等。

衡量从起点到终点的难易程度的指标分为4类:出行时间、出行距离、出行费用和便利程度。出行时间和出行距离是衡量可达性的重要指标。个人获得某种机会(工作、购物、医疗和娱乐等)所需出行时间或出行距离越短,可达性越高,反之亦然。出行费用也是影响可达性的重要因素。出行费用越高,出行者的选择机会越小,可达性间接降低;相反,出行费用越低,选择机会越大,可达性越高。便利程度包括舒适性、可靠性、安全性等,但是此类指标很难量化。

(2)国土空间方面

各种机会(工作、购物、医疗和娱乐等)在空间中的分布影响可达性。例如,在某一特定的区域中,如果所有就业岗位和居住地均匀分布,则每个人的就业可达性水平相似。相反,如果所有的就业岗位集中在某一区域(城市)的中心,那么居住地离该区域(城市)中心越近,可达性越高;居住地越远,可达性越低。

通常,可达性的空间因素可以划分为两类:①机会供给的空间分布及属性,如办公、学校、商业、娱乐区域的位置、吸引力和容量;②机会需求的空间分布及属性,如居住地的位置、规模。机会供给的空间分布对可达性有影响。如果机会供给有容量限制,机会需求的空间分布也会影响可达性水平。也就是说,机会供给与机会需求之间的相互作用也会影响可达性。

在处理可达性的空间因素时,研究区域的确定和划分对可达性高低有很大的影响。研究区域范围的确定主要取决于研究目的。研究发现,研究区域边界附近区域的可达性低,但是当研究区域范围变大后,该区域的可达性显著提高。

空间因素使各类活动点(包括出行发生点)在空间上分离,在一定程度上决定着出行的规模,影响可达性的高低。城市交通中的供给因素满足人们出行参与活动的需求,决定人们出行的成本;需求因素制约着人们参与活动的可能性和参与活动能力的大小。反之,可达性也影响上述两种因素。可达性是居住、企业选址(空间因素)考虑的重要因素之一,也是影响交通供需相互作用的因素。

4.2 计算方法

可达性的不同定义形成不同的计算方法。不同学者根据各自的研究兴趣、研究对象、空间层次和应用领域,或者根据解释问题方便程度、所获取的数据类型等,采用不同的计算方法。从研究对象维度出发,可达性计算方法可分为宏观和微观两大类。宏观可达性计算方法的研究对象是群体,包括空间阻隔、机会累计和空间作用算法;微观可达性计算方法的研究对象则精确到个体,包括个体效用和时间约束算法。当然,除上述 5 种基本算法外,还有大量由基本算法组合构成的复合模型,在实际中也有很多应用。

4.2.1 宏观算法

(1) 空间阻隔算法

空间阻隔算法(Space Separation)单纯地基于几何理论研究区域中节点或区域的可达性,认为可达性是空间阻隔程度(阻隔程度越低,可达性越好)。类似的可达性计算方法最早可追溯到 20 世纪 50 年代,提出该计算方法的学者是英格拉姆(Ingram)。他于 1971 年提出了相对可达性和综合可达性两个概念。相对可达性是指一点至另一点的空间阻隔;而综合可达性是指区域中一点至其他所有点的空间阻隔总和或均值。

空间阻隔的度量指标既可以采用空间上的距离,也可以采用时间上的距离,还可以采用经济费用距离。

当研究对象为区域时,可达性(A_i)通常指总体可达性,其计算公式为:

$$A_i = \sum_{\substack{j=1 \\ j \neq i}}^{n} d_{ij} \quad \text{或} \quad A_i = \frac{1}{n} \sum_{\substack{j=1 \\ j \neq i}}^{n} d_{ij} \tag{4-1}$$

其中,i、j 为小区编号,$i,j = 1,2,\cdots,n$;d_{ij} 为 i 区到 j 区之间的空间阻隔,一般为空间或时间距离。

由于空间阻隔算法反映的是网络节点的空间位置和拓扑信息,并且形式简单、定义直观,能较好地分析网络特性,在比较网络形态及空间布局优劣程度时具有较强的说服力和解释力,在地理学和交通网络研究中应用较多。然而,空间阻隔算法侧重于交通网络本身,没有考虑国土空间规划中重要研究对象——人的活动,也不能反映空间等其他信息,需要从以下方面进行改进,以便进一步推广和使用：

①把节点吸引力(如人口或工作岗位等)作为权重对空间阻隔 d_{ij} 进行加权平均，以反映空间对可达性的影响。

②通过集成的方法计算网络可达性。

③对空间阻隔 d_{ij} 进行修改，包括引入出行时间、广义费用等，或者把空间阻隔定义为某种函数形式(如高斯函数等)。

(2) 机会累计算法

机会累计算法(Cumulative Opportunity)将可达性定义为个体从出发地利用某种交通方式，在一定出行范围内能够接触到的机会数量。该算法着重研究接近机会的难易程度，如居民从居住地出发，利用某一种交通方式，在一定出行时间范围内所能接触的工作、服务等机会的数量。该方法计算出来的可达性值与空间阻隔算法的计算结果正好相反。可达性值不是随着距离的增加而减少，而是随着距离的增加而增加。

在计算时，首先定义一个时间阈值或费用阈值，则某一特定区位的可达性即为从该点出发，在阈值容许范围内的所有机会(人口或工作机会的数量)。该算法多用于城市基础设施规划，并且通常用等时线或等费用线进行直观表示。计算公式如下：

$$A_i = \sum_j O_{jt} \tag{4-2}$$

其中，i、j 为小区编号；t 为预先设定的阈值；O_{jt} 为小区 j 中的机会，j 为到小区 i 的距离或者时间、费用等小于 t 的小区。

机会累计算法的优点是：①与人们的习惯性思维一致：出行越远，能获得的发展机会和享受的服务就越多。②一个点的可达性可以直观地显示距离该点远近与发展机会数量的关系，在一定距离的基础上出行距离增加所能增加的发展机会的数量，机会数量在空间阻隔上的分布。③在给定的距离范围内，不同点之间的可达性值可以进行比较。机会累计算法的缺点是没有一个明确的标准反映某区域的等级地位；只要出行距离足够长，就能到达研究范围内的所有区域，能接触到所有的发展机会。虽然在给定的范围内，可比较各区域的可达性，但是随着研究范围的扩大，可达性可能会发生突变，因而要确定出行范围阈值比较困难。

(3) 空间作用算法

空间作用算法(Spatial Interaction)将可达性定义为空间作用的势能，认为可达性是到达活动目的地的难易程度,它不仅受到起点、终点空间阻隔的负相关影响,而且受到区域活动规模大小的正相关影响。该算法将相关用地、开发规模(代表发展机会或服务设施等)和交通系统(代表出行距离、出行时间等成本)有效地、紧密地结合在一起,在交通规划研究中应用广泛。

汉森(Hansen)提出的势能模型(潜力模型)就是空间作用算法的代表,计算公式如下:

$$\begin{cases} A_i = \sum_j O_j f(d_{ij}) \\ f(d_{ij}) = \dfrac{1}{d_{ij}^\alpha} \end{cases} \quad (4\text{-}3)$$

其中,i、j 为小区编号;O_j 为小区 j 中的机会;d_{ij} 为小区 i 到小区 j 之间的空间阻隔,一般为空间或时间距离;$f(d_{ij})$ 为小区 i 到小区 j 之间的空间阻隔衰减函数;α 为反映距离阻抗影响程度的参数。汉森势能模型在研究各种机会和各种设施的可达性中应用广泛,如研究工作岗位的可达性、教育资源的可达性以及其他公共设施的可达性。在实际应用中,模型的形式有了新的变化,主要有:①采用多种形式的阻抗函数,但都满足随距离衰减的特性;②对指标值进行标准化或加权计算;③考虑不同交通方式或不同群体。

汉森势能模型的优点:①反映了空间因素与交通系统因素对可达性的影响,贴近实际情况,容易理解和接受;②数据容易获取,应用非常广泛。但是该模型也有一些缺点:①可达性值带有量纲,与发展机会的数量级相关,不是标准化值,结果不明了;②衰减函数的选择对可达性的计算影响很大,不同的衰减函数衰减速率差异很大,因此衰减函数的选择要考虑机会供给和机会需求的空间分布特征以及不同出行方式对可达性的影响;③势能模型只考虑机会供给(终点)的空间分布,忽视了机会需求(起点)的空间分布影响,而事实上,可达性是机会需求(起点)与机会供给(终点)相互竞争的结果。在计算没有容量限制的休闲设施(如国家公园)和没有竞争关系的商业设施(如区域购物中心)的可达性时,使用汉森势能模型比较合适;但计算存在竞争关系的就业机会的可达性时,该模型存在一定缺陷。

针对汉森势能模型只考虑机会供给(终点)空间分布的缺点,沈(Shen)在势能模型的基础上,将"需求方"考虑进来,提出 Shen 供需势能模型。Shen 供需势能模型认为考察一点的可达性不仅要计算发展机会在该点具有的势能,而且要考虑发展机会的需求在该点具有的势能。由于各地区对发展机会的需求不同,获得发展机会的能力部分是由该区对发展机会的需求潜力决定的。可达性计算只有将供给与需求两方面的因素考虑进来,才能较全面地考察各区就业机会可达性的大小。

Shen 供需势能模型的计算公式为：

$$\begin{cases} A_i = \sum_j \dfrac{O_j}{D_j} f(d_{ij}) \\ f(d_{ij}) = \dfrac{1}{d_{ij}^\alpha} \\ D_j = \sum_k P_k f(d_{kj}) \end{cases} \quad (4\text{-}4)$$

其中，i、j、k 为小区编号；O_j 为小区 j 中的机会；D_j 为小区 j 中的总需求；d_{ij} 为小区 i 到小区 j 之间的空间阻隔，一般为空间或时间距离；α 为反映距离阻抗影响程度的参数；P_k 为小区 k 中需要去寻找机会的需求；$f(d_{ij})$ 为小区 i 到小区 j 之间的空间阻隔衰减函数。

应用该模型计算得到的可达性值具有如下特性：①可达性值没有量纲，数值已经标准化，结果简单、清晰，易于比较。②可达性值的期望值或者权重均值是发展机会数量与寻求机会的居民数量的比值 μ，即就业率。若可达性值大于就业率 μ，则可达性较好；若可达性值小于就业率 μ，则可达性较差。

更一般的空间作用算法代表是威尔逊（Wilson）利用最大熵原理推导出的双约束空间作用模型，其计算公式如下：

$$\begin{cases} T_{ij} = a_i b_j O_i D_j f(d_{ij}) \\ a_i = \dfrac{1}{\sum_j b_j D_j f(d_{ij})} \\ b_j = \dfrac{1}{\sum_i a_i O_i f(d_{ij})} \end{cases} \quad (4\text{-}5)$$

其中，T_{ij} 为 i 区到 j 区的可达性；i、j 为小区编号；a_i、b_j 为平衡系数；O_i、D_j 为小区 i 和小区 j 中的机会；d_{ij} 为小区 i 到小区 j 的空间阻隔，一般为空间或时间距离；$f(d_{ij})$ 为小区 i 到小区 j 的空间阻隔衰减函数。参数 a_i 保证从小区 i 产生的流量总和等于小区 i 的活动数，参数 b_j 与之类似。由于这两个参数是相互依存的，因此 T_{ij} 可以通过循环迭代进行求解。该算法的主要优点是综合考虑了机会供给和机会需求之间的竞争关系，更加贴近实际；但缺点是不太容易理解，计算过程过于烦琐。

4.2.2 微观算法

（1）个体效用算法

个体效用算法是基于随机效用理论的算法，即所有出行终点都使个体拥有一定的效用,而个体会选择效用最大的终点出行。可达性是出行选择的最大期望效用,个体拥有的期望效用越大,可达性也越大。根据上述假定,结合非集计模型的理论,本-阿基瓦(Ben-Akiva)和勒曼(Lerman)提出了基于效用的可达性算法:

$$A_n = E\left[\operatorname*{Max}_{i \in C} V_{in}\right] = \ln \sum_{i \in C} e^{V_{in}} \tag{4-6}$$

其中,A_n 为基于效用的可达性,表示个体 n 在终点集 C 中选择效用最大的某一终点;E 为期望值;i 为小区编号;n 为出行个体;V_{in} 为个体 n 选择 i 的效用。

个体效用算法的最大优点是具有良好的理论基础,理论来源于微观经济学,且可达性的计算结果可以精确到个体,考虑了个体之间的差异;缺点是 A_n 的数值只具有相对意义,多用于边际收益分析的研究中,如研究道路改善对居民出行效用(可达性)的影响。

(2)时空约束算法

时空约束算法来源于时间地理学,是同时考虑时间和空间的可达性计算方法。该算法从个体角度出发,评价在特定的时空约束条件下,可以到达的时间-空间区域和活动机会,通常使用时空棱镜表示。以时空棱镜理论为基础的可达性评价有两种计算方法:①计算时空棱镜的体积,以体积的大小表示可达性水平的高低。因此,在时间预算一定的情况下,时空棱镜体积越大,个体参与活动的可能性就越大,可达性也就越高,反之亦然。②以时空棱镜内的商业、娱乐网点数量作为可达性的评价指标。当时空棱镜内可参与活动或机会数量较少时,空间阻隔算法更适合计算可达性。关(Kwan)提出的基于可行机会集(Feasible Opportunity Set,FOS)的时空约束模型中包含比较有代表性的算法:

$$A = \sum_i W_i I(i) \tag{4-7}$$

其中,A 为可达性;i 为小区编号;W_i 为小区 i 的活动机会;$I(i)$ 为 0-1 变量,个体在约束范围内时取 1,否则取 0。

时空约束算法主要是从个体角度考虑时间因素,给出个体在时间约束条件下能够获取的机会分布状态。其优点是综合考虑了国土空间和交通两方面因素对可达性的影响,体现了个体的差异性;其缺点是需要大量的数据,且没有考虑机会供给的影响,不适用于机会供给存在竞争的情况。

4.2.3 算法对比

不同的可达性计算方法具有不同的特点。宏观算法中:空间阻隔算法具有结构简单和容易理解的优点,适用于宏观层面的可达性评价,如路网空间格局分析、个体出行分析等;机会累计算法的解释性更强,但是该算法没有考虑可达性的距离衰减效应,且区域的划分对可达性的影响很大,不能反映不同地点的可达性差异;空间作用算法综合考虑交通系统和空间对可达性的影响,应用领域十分广泛,但是交通因素中有关个体和时间等特征有待拓展。微观算法中:个体效用算法和时空约束算法考虑了个体差异对可达性的影响,且均具有良好的理论基础。两者之间的差异是,个体效用算法没有考虑时间因素的限制,时空约束算法弥补了这一缺陷。但是这两种算法需要大量的数据,可操作性不强,因此在实践中应用较少。表4-1从影响因素、可操作性和可解释性等方面的特点对上述算法进行了比较。

可达性基本算法特点比较　　　　　　　　　　　表4-1

维度	算法	影响因素		可操作性	可解释性	常见应用
		交通因素	空间因素			
宏观	时空阻隔	中	差	优	优	评价中小尺度范围(如地块、街道、交通小区等)前往特定设施的平均时间
	机会累计	中	中	优	优	评价中小尺度范围(如地块、街道、交通小区等)在特定时间限制下可使用的设施数量
	空间作用	优	中	优	中	评价较大尺度范围(如行政区、城市等)在特定时间限制下可使用的重大交通设施数量
微观	个体效用	优	优	差	优	具备详细的个人出行行为数据时的可达性评价
	时空约束	优	优	差	优	

4.3 实践案例

4.3.1 伦敦

PTALs分析技术是伦敦交通局提出的一种在空间栅格尺度下反映人们获取公交服务便捷程度的指标。PTALs分析技术已有近30年的应用历史,最早在伦敦的汉默史密斯-富勒姆区试点,被深入和广泛地应用到伦敦的战略规划和区域规划等各种规划中。1994年,英国发布《规划政策指引》,建议各地方规划机构建立

PTALs 评价机制。2001 年,PTALs 推广至伦敦全市使用。2003 年,PTALs 被纳入地方交通规划(法定规划)。

PTALs 的等级越大表示可达性(连通性)越好。PTALs 等级由高到低分为 9 个等级,分别为 6b、6a、5、4、3、2、1b、1a 和 0。结合伦敦交通局发布的分级设色标准,通过类似热力图的方式,可以清晰地展现一个地区的 PTALs 等级(图 4-3)。

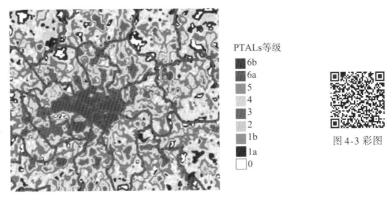

图 4-3　伦敦市 PTALs 示意(局部)

目前,PTALs 分析技术被应用于伦敦的空间规划体系及其监测体系的多个方面,具体如下:

(1)辅助城镇体系划分和潜力地区识别。根据 PTALs 等级将城镇体系分为不同等级。地区中心的 PTALs 等级应达到 4,主要中心的 PTALs 等级应达到 5,大都会中心的 PTALs 等级应达到 6a,国际中心的 PTALs 等级应达到 6b。

(2)指导居住和商业用地开发。将 PTALs 作为优化居住密度的核心指标,建立区域、PTALs 等级与居住密度的对应关系表。鼓励商业办公类项目位于高可达性地区,并以"是否有 50% 以上的商业办公类项目位于 PTALs 等级为 5~6 地区"作为年度监测评价的核心指标,以"PTALs 等级为 3~6 或轨道站点 800 m 内商业办公建筑面积和住宅套数"作为近期规划的评价内容。

(3)指导停车配建,为停车政策制定提供参考。建立用地性质、建筑坐落的区位(中心区、城区、市郊)、建筑所在片区单元的居住密度(每公顷用地面积上承载的户数)、PTALs 等级和停车配建指标的对应关系。PTALs 高等级区域严格限制停车配建规模,促使伦敦向"零车目标"迈进。

(4)评价交通系统的运营效益和公平性,辅助交通设施决策。通过 PTALs 等级的变化可评价交通设施建设对区域的影响。

(5)评价职住空间分布。以45min作为通勤控制目标,识别伦敦各个区域45min内可到达的工作岗位数量情况。

(6)评价公共服务设施的布局合理性。鼓励公共服务设施在PTALs等级较高的区域选址。针对就业、教育、医疗等的设施布局评价推导出机会和服务可获得性模型,评价服务的便利程度。

为向公众和专业机构推广可达性,伦敦交通局设计研发了网页端"可达性评价工具箱"(Web-based Connectivity Assessment Toolkit,Web CAT),基于PTALs向公众开放面向公共交通可达性评价的定制化快速查询,支持基于地址搜索的现状年和规划年的比较查询(图4-4)。它在为城市规划决策服务的同时,也为普通民众的居住选址、公交出行评价提供了开放、专业的途径。

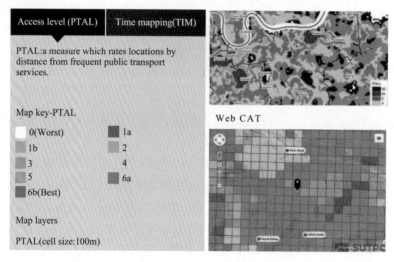

图4-4 网页端"可达性评价工具箱"(Web CAT)

4.3.2 上海

上海是国内较早开展可达性研究的城市之一。上海的城市交通规划在不同时间节点和深度层面有不少关于可达性的应用实践,如开发强度分区、公共中心划分与评价、停车策略分区等。

(1)开发强度分区

2003年,上海开始研发开发强度分区模型,其中PTALs是确定强度分区的重要因素之一。该模型以PTALs确定住宅、商业服务和商务办公等用地的开发强度。

2011年,上海将(开发)强度分区纳入控制性详细规划技术准则,建立强度分区与地块容积率的对应关系。为便于计算,简化强度分区测算过程,采用轨道交通站点密度作为中心城区强度划分的主要依据,以300m(特定强度分区)、500m、800m、1500m作为服务范围测算站点密度。该方法在价值理念、技术逻辑上与伦敦如出一辙,不同的是当时上海开发强度模型考虑要素较为单一,仅考虑轨道站点密度,未考虑常规公交方式、轨道线路的服务效率以及轨道站点周边的步行环境等要素。

(2)公共中心划分与评价

依据《上海市城市总体规划(2017—2035年)》,上海市构建了由中心城区、郊区两类地区和由城市主中心(中央活动区)、城市副中心、地区中心、社区中心4个层次组成的公共活动中心体系。总体规划文本并没有明确公共中心与可达性的直接对应关系,但在有关公共中心划定、测度和评价的相关研究中,可达性被作为重要的研究维度。可达性是公共中心形成的重要因素之一,45min是各级中心目前可接受的最大出行时间,而上海的远郊仍有较多地区位于公共中心60min可达范围以外。

另外,上海强调轨道交通引领地区发展的规划理念。2021年发布的《轨道交通规划设计标准》中明确规定城市主中心、核心区应设置3条以上的轨道交通线路,城市副中心应设置2条以上的轨道交通线路,因此,各中心的公交可达性与轨道交通线路走向高度相关。

(3)停车策略分区

与伦敦一样,上海一直倡导区域差异化的停车供给策略,以停车位的有限供给达到抑制小汽车出行、鼓励公交出行的目的。《建筑工程交通设计及停车库(场)设置标准》(DG/TJ 08—7—2014)将停车策略分区划分为3类区域,不同区域的配建指标不同。

上海在控制性详细规划技术准则中,明确"轨道交通站点500m服务范围内的商业服务业、商务办公、住宅建筑,机动车停车配建标准宜按照0.8的系数进行折减"。相较伦敦用PTALs值作为停车配建指标的依据,上海目前的停车管理策略基于城市功能分区进行差异化设计,并在轨道交通站点周边对停车配建指标进行折减。

(4)交通规划评价

可达性广泛应用于上海各类交通规划方案评价和交通设施选址中。例如,上海轨道交通网络规划基于可达性构建网络效益的评价指标,包含600m覆盖人口、600m覆盖岗位等指标;应用可达性分析对比分析步行和常规公交两种方式的服务范围及其所服务的人口岗位等,优化轨道站点接驳系统;应用可达性分析对比分析采用不同制式线路的服务范围,支撑线路的制式决策;应用可达性分析进行交通设施选址决策等。

(5)职住关系分析

公共交通可达性的提升有益于促进职住空间的改善。应依托大数据和交通模型技术,关注公共交通与职住空间的互动关系。例如,针对就业中心和居住中心,以实际通勤距离和可达性检验职住空间错位、评价职住平衡度,研究公共交通可达性对职住空间的影响(图4-5)。与伦敦相比,仅考虑职住平衡指数和平均通勤时间,尚未充分体现可达性对职住空间的影响。

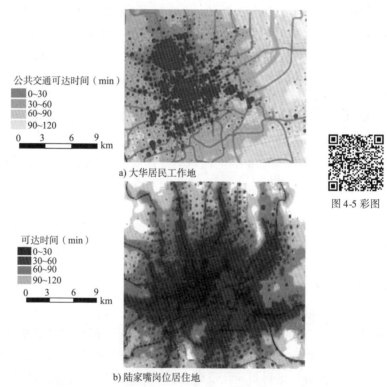

图4-5 彩图

图4-5 大华地区居民工作地和陆家嘴岗位居住地分布与公共交通可达性关系(局部)

(6)公共服务设施评价

在规划中,常以可达范围及其所覆盖的人口情况评价公共服务设施的布局情况。从设施出发,识别设施的服务范围和服务人口,这两个指标可间接反映不同区域内获取设施服务的便捷程度,如图 4-6 所示。

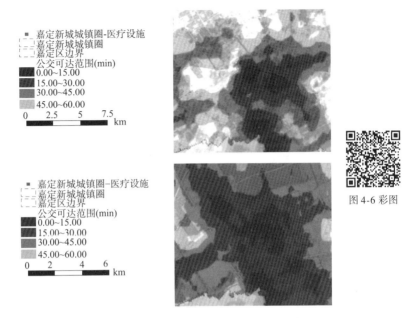

图 4-6　嘉定新城城镇圈医疗设施公交可达范围分析(局部)
(上:现状,下:规划)

4.3.3　杭州

杭州市进行了 PTALs 分析技术的本地化开发,探索 PTALs 分析技术在国土空间规划中的应用场景。该研究搭建起国土空间总体规划与专项规划之间的重要纽带,为各项资源要素科学合理地纳入各类详细规划提供技术支撑,为完善城市体检工作和构建现代化城市空间治理体系提供创新性工具,有助于优化国土空间资源布局、提升空间数字化治理能力、提高城市运转效率、实现高质量发展。

结合伦敦经验,杭州初步设计了集数据层、计算层及应用层的 PTALs 分析技术和应用框架体系,如图 4-7 所示。该框架体系以 PTALs 指标为重要纽带,连接公共交通、道路交通、社会经济、国土空间利用等相关指标,实现多维度、广视角的交叉分析与情景模拟,满足市民查询公交可达性水平要求。同时,从各项具体应用功能入手,优化城市空间资源的布局和利用效率,为政府提供运行监测、规划编制与评价、政策制定等多方面的技术支持。

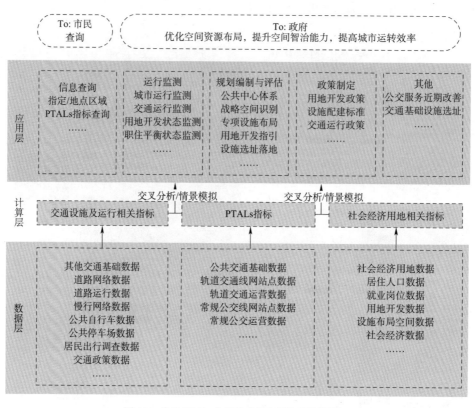

图4-7 杭州PTALs分析技术及应用体系设计框架

杭州将PTALs分析技术作为评价监测工具,在多个场景中应用实践。

(1) 用地开发状态及人口岗位分布评价与监测

为实现更加集约高效的城市发展,公交可达性水平高的地区应实现高强度开发和高人流集聚。政府可以对各类地区的公建用地、居住用地(图4-8)以及人口岗位(图4-9)的发展情况进行年度监测,为城市用地分类布局与开发优化提供技术支持。

对于PTALs高-低人口(低开发)地区,政府可及时调整用地出让计划等,提升人口岗位密度;对于PTALs低-高人口(高开发)地区,政府应改善公交服务,以匹配高需求。例如,下沙大学城(浙江杭州下沙高教园区)东等地区的PTALs值处于较低水平,公交服务水平需进一步优化提升。

4 可达性理论发展和实践案例

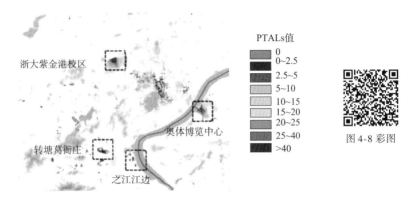

图 4-8 杭州市区 PTALs 值与公建用地、居住用地分布关系示意（局部）

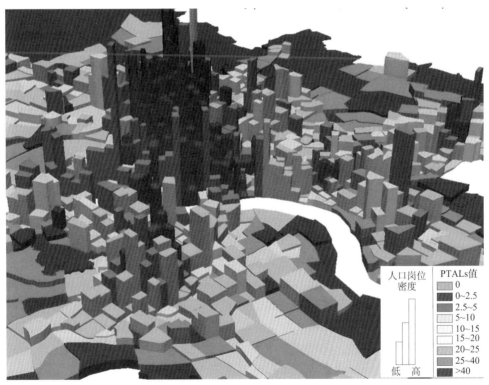

图 4-9 杭州市区 PTALs 值与人口岗位分布关系示意

(2) 面向特定人群的公交可达性水平评价与监测

不同人群对于公交服务水平的要求不一，其中老年人是重要的公交乘客群体。因此,通过整合PTALs和老年人口空间分布数据判别PTALs低-高老年人口密度的地区(图4-10),方便公交公司后续制定相应的公交服务优化策略与方案。

图4-10　杭州市区PTALs值与老年人口分布关系示意图

(3)面向特定设施的公交可达性水平评价与监测

城市公共服务设施通常对公交可达性要求较高。若城市公共服务设施选址于高PTALs区域,一方面,居民前往活动会更加便捷;另一方面,公共资源的投入效益和使用效率也更高。通过横向对比不同设施的公交可达性水平,可以快速筛选出低PTALs-高公共服务需求的设施。将杭州市的医院分布与PTALs值关联起来,可以发现部分医院的公交服务水平亟待提高,如图4-11所示。通过横向对比不同设施的公交可达性水平,可以快速筛选待优化公交服务的设施,为新建设施选址提供公交服务角度的评价建议。

(4)综合交通运行情况评价与监测

综合交通规划重点关注出行方式分担率、通勤时间等指标,而整体分析往往会掩盖局部的优势或短板。利用PTALs分析技术可细化到与PTALs分区一致的中观层面,利于有针对性地提出策略与措施。例如,将居民出行调查数据的分析范围与基于 PTALs 值的空间分区(图 4-12)统一,针对公交机动化分担率(图 4-13)进行分析,发现即使均为一级 PTALs 区域,外围四城核心片区相较于主城核心区的公共交通分担率也明显偏低。

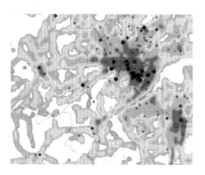

图 4-11　杭州市区 PTALs 值与医院分布关系示意图(局部)

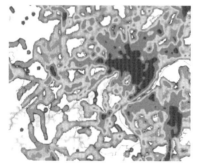

图 4-12 彩图

图 4-12　杭州市区 PTALs 值分布示意图(局部)

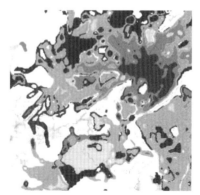

图 4-13 彩图

图 4-13　杭州市区公交机动化分担率分布示意图(局部)

(5) 公共交通运行情况评价与监测

公交供需匹配情况影响乘客满意度和企业运营效益。PTALs 分析技术融合了公交设施与服务层面的可达性，综合反映了公交服务可获得程度，为量化评价公交服务供给与需求水平提供了一种新视角——可快速识别出待优化站点或区域（"高客流-低 PTALs"与"低客流-高 PTALs"），为运营效益监测和服务优化提供参考，如图 4-14 所示。

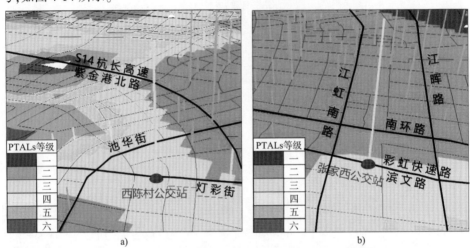

图 4-14　典型地区 PTALs 分级与公交站点日客运量分布示意

4.3.4　武汉

武汉采用 PTALs 评价技术，对全市 9 条轨道、3 条有轨电车和 784 条公交线路，总计约 1.7 万个站点进行处理；在公交运营数据方面，以武汉公交、轨道时刻表数据基础、公交 GPS（定位系统）和到发站数据为补充，对不同线路的公共交通服务水平进行计算。武汉将可达性评价技术应用于以下三方面：

(1) 评价区域可达性水平与人口分布协调性

以传统三镇为区分，汉口地区较武昌、汉阳 PTALs 明显更优。主城（三环）范围内江汉区公交可达性水平最高，PTALs 平均值达到了 23.78（图 4-15）。相比之下，人口较多的洪山区可达性水平较低，人口分布与可达性水平不协调。

(2) 识别可改善潜在区域

从边际效用最大化的角度看，优先改善高人口密度地区的公共交通可达性是最具吸引力的针对性提升措施。结合武汉交通小区 PTALs-人口密度 3D 可视化效果图（图 4-16），能够快速识别潜在高价值的改善区域。由图 4-16 可知，武汉市二环以内的核心城区,在武昌区、青山区以及硚口区仍然存在公共交通服务明显缺位的地区,这些地区需优先改善。

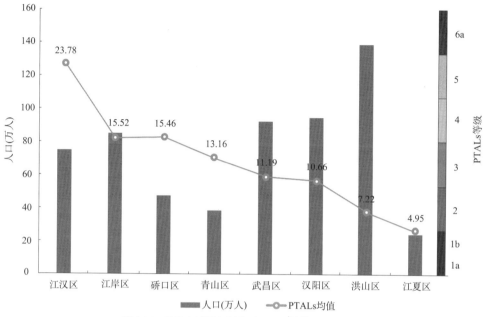

图4-15 武汉主城区各行政区PTALs均值和人口对比

图4-16 武汉交通小区PTALs-人口密度3D可视化效果图

(3) 慢行水平评价

将公共交通的重要接驳方式——自行车纳入 PTALs 评价具有重要的现实意义。以武汉光谷地区为例,武汉应用 PTALs 评价技术计算了在共享单车接驳条件下该区域 PTALs 的变化,规定骑行速度为 12km/h,使用单车接驳距离为 400m 以上,同时参考伦敦交通局中地铁接驳时间 12min 的限制,将共享单车的最大覆盖半径设置为 2400m,在首末端各增加了 1min 的取车/停车惩罚时间,最后得到两地 PTALs 和骑行可达性水平(Cycling Transport Accessibility level,CYTAL)对比结果(图 4-17)。

图 4-17 彩图

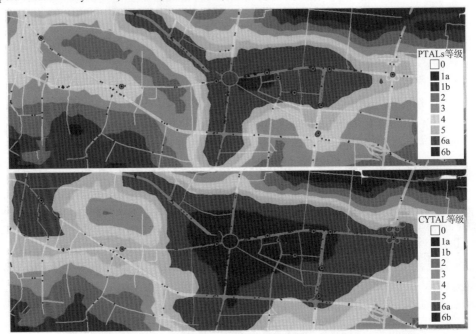

图 4-17 光谷地区 PTALs(上)和 CYTAL(下)对比

尽管上述计算过程仅为理想情况下,即人们能采用骑行方式不受限制且不考虑额外成本(如租赁共享单车的成本)时区域整体可达性变化情况,但评价结果仍然展示了完善骑行环境和提升共享单车服务运营水平的条件下 PTALs 的潜在提升空间。这对量化自行车接驳改善价值,推广"最后一公里"绿色出行具有重要的现实意义。

4.3.5 深圳

深圳市借鉴 PTALs 评价体系,基于 TransPaaS™ 平台开发了 100m 栅格精度的

PTALs 评价工具。结合全市 1.3 万个公共交通站点(同线对向站点不做合并)、2000 余条轨道公交线路及超过 1200 万条(1 个月)的公交运营到站记录数据,使用地图引擎接口进行了超过 200 万次路径规划采样,结合本地化 PTALs 参数进行计算。最终成果在栅格和交通小区两个层级进行了可视化,如图 4-18 所示。

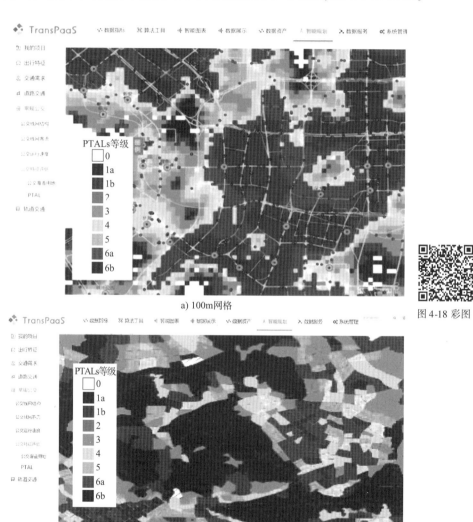

a) 100m网格

b) 交通小区

图 4-18 基于 TransPaaS™ 的 PTALs 评价结果(局部)

深圳在多个场景中探索将PTALs分析技术作为评价识别工具进行应用与实践。

(1) 识别各圈层职住人口与公共交通可达性不均衡的区域

深圳第二圈层[第一圈层是原关内地区(福田区、罗湖区、南山区等);第二圈层是与第一圈层相邻的区镇(龙华区、宝安区、龙岗区等);以沈海高速、盐排高速为界,剩下的是第三圈层]居住大量人口,其中相当部分在第一圈层工作(图4-19),职住用地分布不合理、公共交通服务水平不足。根据识别结果,深圳近期可加快轨道建设、优化与轨道接驳公交线路、开通点到点班车,远期应调整职住用地空间布局。

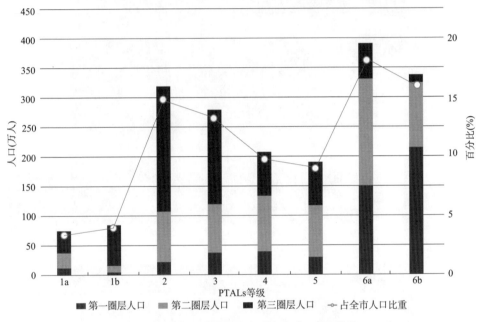

图4-19 深圳不同圈层PTALs等级与人口分布关系

(2) 识别需提升公共交通水平的区域

参考PTALs公交可达性评价技术及评价标准,对公交资源分布进行计算,基于GIS空间分析工具得到公交资源的空间分布情况。评价结果表明,虽然深圳公交站点500m覆盖率已经达到95%,但是公交资源分布存在明显的地区差异性:原特区内(罗湖区、福田区、南山区、盐田区)公交资源明显优于特区外,原特区内罗湖、福田轨道网络密集,公交资源整体优于南山区;原特区外(宝安区、龙岗区、光明区、坪山区)公交资源丰富的地区主要集中在轨道和部分公交走廊沿线,大部分地区公交资源水平相对较低。公交资源丰富的局部区域主要集中在轨道、公交换乘枢纽、传统商业、就业中心等地区,前者如福田站、深圳北站及布吉站,后者如罗湖金三角区域、会展中心片区等。公共交通设施效用最大化的核心在于以有限的资源向尽可能多的人提供优质服务。良好的公共交通服务能有效扩大工作半径,为低收入群体提供更多就业机会。结合PTALs和城市人口、岗位及收入分布,可以迅速识别公共交通服务缺位的地区以及其中的低收入区域,进行针对性改进,促进城市资源和机会均衡分配。

(3) 轨道线网建设对公交服务水平提升的影响评价

基于公交运行特征测算得出的100m×100m栅格地块公交PTALs分布,如图4-20所示。宝安区内整体公交服务水平并不突出,高PTALs区域集中于南部的西乡街道、新安街道,其他区域则以核心聚集的方式零散分布于宝安大道及广深公路沿线。对于宝安区沙井街道北部等人口稠密区域,公交服务水平稍显不足。相较于已具备完善公共交通网络的福田区、南山区,宝安区内的公交基础建设仍有较大提升空间。在与轨道线网联合后,宝安区内PTALs分布有了较大改观(图4-21)。轨道线网拓展带动沿线公共交通服务水平大幅提升,高PTALs区域进一步聚集,促使宝安区中、南部区域公交服务整体走强。需要注意的是,在轨道线网尚不足以覆盖的宝安区北部,PTALs改善并不明显,宝安区松岗街道、沙井街道等部分人口聚集区域公交服务水平尚处于低位,急需实施针对性改进措施。

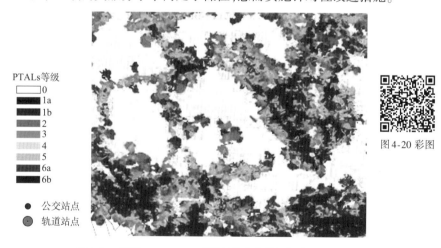

图4-20 深圳100m×100m栅格地块公交服务水平

4.3.6 小结

可达性评价技术在伦敦进行了长时间的研究与实践,已较为成熟。通过梳理伦敦、上海、杭州、武汉和深圳的可达性应用案例可知，国内城市对伦敦的可达性评价工具进行了改进，在可达性评价工具中加入城市特色需求，使其支持规划决策过程。国内可达性评价主要有以下4个方面的应用：

(1) 交通设施对于区域可达性的影响。研究对象中，交通设施主要为高速铁路、高速公路、综合交通网络等；区域范围通常较大，如长三角区域、高铁沿线区域等。

(2) 交通设施对城市、都市圈范围内可达性的影响。例如，轨道交通对公共交通可达性的影响等。

(3) 城市内部特定公共服务设施的可达性评价。例如，城市公园、景点、医疗设施、公共交通站点、图书馆等。

(4) 区域、都市圈、城市整体的可达性评价。

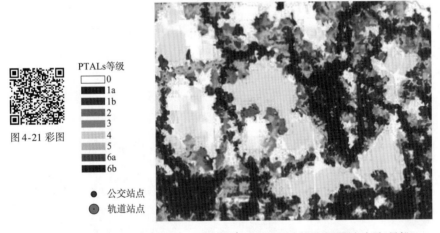

图4-21　深圳100m×100m栅格地块公交联合轨道线网服务水平(局部)

尽管国内城市在相关规划工作中经常引用PTALs，但PTALs难以作为一个广泛适用的量化指标被应用于国土空间规划编制、评价与监测中。截至2023年底，国内关于可达性评价的方法尚未形成统一的标准。除其他不可抗力因素外，最大的障碍是改进的可达性评价方法在规划实践中的可操作性不强，仅考虑了公共交通可达性，缺乏个体交通可达性评价内容，所呈现的结果无法为规划决策者确定进一步的开发需求。

国土空间规划体系建立后，有必要以可达性作为切入点，在规划体系的不同层级中，实现交通与国土空间利用的互动。在互动过程中，可达性需根据不同场景选取不同的因子和算法进行计算，使输出指标更加具有针对性和灵活性。

本章参考文献

[1] HANSEN W G. How accessibility shapes land use[J]. Journal of the American Institute of planners,1959,25(2):73-76.

[2] WEIBULL J W. An axiomatic approach to the measurement of accessibility[J]. Regional Science and Urban Economics,1976,6(4):357-379.

[3] KOENIG J G. Indicators of urban accessibility:theory and application[J]. Transportation,1980,9(2):145-172.

[4] WU B M,HINE J P. A PTAL approach to measuring changes in bus service accessibility[J]. Transport Policy,2003,10(4):307-320.

[5] 杨涛,过秀成.城市交通可达性新概念及其应用研究[J].中国公路学报,1995(2):25-30,73.

[6] 陈声洪.上海城市交通分析和预测[M].上海:上海科学技术出版社,1998.

[7] 钮心毅.GIS支持下城市中可达性的评价方法[D].上海:同济大学,1999.

[8] 宋小冬,钮心毅.再论居民出行可达性的计算机辅助评价[J].城市规划汇刊,2000(3):18-22,75.

[9] 杨育军,宋小冬.基于GIS的可达性评价方法比较[J].长安大学学报(建筑与环境科学版),2004,21(4):27-32.

[10] 陈洁,陆锋,程昌秀.可达性度量方法及应用研究进展评述[J].地理科学进展,2007,26(5):100-110.

[11] 王慧,黄玖菊,李永玲,等.厦门城市空间出行便利性及小汽车依赖度分析[J].地理学报,2013,68(4):477-490.

[12] 孙耿杰,袁振洲.成都市拼车可行性分析及对策研究[J].交通信息与安全,2014,32(4):46-51,61.

[13] VICKERMAN R,SPIEKERMANN K,WEGENER M. Accessibility and economic development in Europe[J]. Regional Studies,1999,33(1):1-15.

[14] ODOKI J B,KERALI H R,SANTORINI F. An integrated model for quantifying accessibility-benefits in developing countries[J]. Transportation Research Part A:Policy and Practice,2001,35(7):601-623.

[15] GOLOB T F,MCNALLY M G. A model of activity participation and travel interac-

tions between household heads[J]. Transportation Research Part B:Methodological,1997,31(3):177-194.

[16] RECKER W W,CHEN C,MCNALLY M G. Measuring the impact of efficient household travel decisions on potential travel time savings and accessibility gains[J]. Transportation Research Part A:Policy and Practice,2001,35(4):339-369.

[17] KWAN M P. Gender and individual access to urban opportunities:a study using space-time measures[J]. The Professional Geographer,1999,51(2):211-227.

[18] KWAN M P. Space-time and integral measures of individual accessibility:a comparative analysis using a point-based framework[J]. Geographical Analysis,1998,30(3):191-216.

[19] BLACK W R. Spatial interaction modeling using artificial neural networks[J]. Journal of Transport Geography,1995,3(3):159-166.

[20] CONGDON P. A Bayesian approach to prediction using the gravity model,with an application to patient flow modeling[J]. Geographical Analysis,2000,32(3):205-224.

[21] BERGLUND S,KARLSTRÖM A. Identifying local spatial association in flow data[J]. Journal of Geographical Systems,1999(1):219-236.

[22] LEE K,LEE H Y. A new algorithm for graph-theoretic nodal accessibility measurement[J]. Geographical Analysis,1998,30(1):1-14.

[23] KWAN M P,JANELLE D G,GOODCHILD M F. Accessibility in space and time:a theme in spatially integrated social science[J]. Journal of Geographical Systems,2003,5(1):1.

[24] O'KELLY M E,HORNER M W. Aggregate accessibility to population at the county level:US 1940-2000[J]. Journal of Geographical Systems,2003,5(1):5.

[25] KIM H M,KWAN M P. Space-time accessibility measures:a geocomputational algorithm with a focus on the feasible opportunity set and possible activity duration[J]. Journal of Geographical Systems,2003(5):71-91.

[26] SHEN Q. Spatial technologies,accessibility,and the social construction of urban space[J]. Computers,Environment and Urban Systems,1998,22(5):447-464.

[27] HÄGERSTRAND T. What about people in regional science[J]. Papers of the Regional Science Association,1970,24.

[28] POOLER J A. The use of spatial separation in the measurement of transportation ac-

cessibility[J]. Transportation Research Part A: Policy and Practice,1995,29(6): 421-427.

[29] INGRAM D R. The concept of accessibility: a search for an operational form[J]. Regional Studies,1971,5(2):101-107.

[30] WACHS M, KUMAGAI T G. Physical accessibility as a social indicator[J]. Socio-Economic Planning Sciences,1973,7(5):437-456.

[31] WILSON A G. The use of the concept of entropy in system modelling[J]. Journal of the Operational Research Society,1970,21(2):247-265.

[32] BEN-AKIVA M, LERMAN S R. Disaggregate travel and mobility-choice models and measures of accessibility[J]. Behavioural Travel Modelling,2021:654-679.

5 基于"三生空间"的广州市可达性评价系统

相较于广泛应用的供需比分析,可达性评价在计算过程中会使用多种输入因子(以下简称"因子")和基本算法,而且过程中会涉及多种数学变换,计算流程比较复杂。尽管输出指标(以下简称"指标")的最终表现形式为一维量纲,直观易懂,但是实际方法流程涉及大量因子、权重的计算。为使具有不同背景知识的人群均能快速入门、方便使用,需将复杂的固定计算流程封装,让计算机自动处理。使用者可根据自身需求选取对应指标。在使用者、规划场景、评价对象相对固定的情况下,基础数据获取和处理、结果评价和分析等流程可随评价计算流程一同封装,组成个性化的可达性评价模型。根据国土空间规划的需要,本书将可达性评价模型与广州的交通和国土空间利用数据相结合,构建了基于"三生空间"的广州市可达性评价系统。通过应用PTALs工具对广州可达性评价结果进行校验,发现该模型具备较强的应用性。

5.1 可达性评价模型

5.1.1 构建评价模型的原则及评价流程

有效的指标通常具有两种特征:传递目标和衔接行动。可达性评价模型的指标应与国土空间规划及其他标准化工作中常用的表达方法保持高度一致,在描述居民空间出行质量的同时,满足数值一维呈现、等级可分、区域可比、结果可视化和结果可直接应用至规划成果的要求。因此,构建可达性评价模型需要遵循以下4个原则:①应用场景全程。例如,国土空间规划体系内各个规划阶段中的方案构思、评价、优化等场景。②考虑因素全面。综合体现交通和国土空间利用两大类因素,可根据使用场景选取特定交通因素,使可达性表现出特定的倾向性,如个体交通方式可达性、公共交通方式可达性;也可根据不同研究区域的空间利用类型选择,使可达性表现为生产空间可达性、生活空间可达性等。③操作灵活简便。通过对不同因子的选择,以及对应算法的匹配等复杂处理过程进行封装,使用人员仅需在对应需求目标下选择所需考虑的因子。④结果易懂有效。按照多种维度选取不同因子和匹配算法,计算不同维度的中间结果,通过综合加权等方式,产生一维评价指标,清晰比较可达性的高低,有效反映交通与国土空间利用的互动水平。

可达性评价模型融合既有可达性基础算法,通过将4种基础可达性算法纳入算法库,并为各项因子匹配相应的算法,经过计算得到可达性值。可达性评价模型计算流程如图5-1所示。

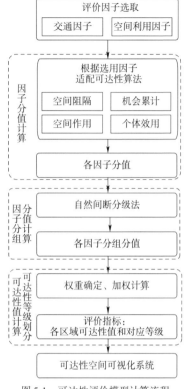

图 5-1　可达性评价模型计算流程

5.1.2　因子选取与分值计算

(1)因子选取

作为交通和国土空间利用互动的技术工具,可达性评价模型综合考虑评价对象的交通和国土空间利用状况。因子选取需考虑:①精确性——不能过于笼统而无法精准地描述目标;②层次性——能反映规划在不同类型空间主导下的结果;③易获取性——较易获得且计算便捷。

交通的因子按方式类型分为个体交通和公共交通两类,在不同方式类型内可以按设施规模和出行成本继续细分。因子需要根据区域产业偏好的交通服务进行选择。使用不同的因子能更好地反映区域的出行质量。不同交通因子和适配可达性算法见表5-1。

不同交通因子和适配可达性算法　　　　　　表 5-1

因子类型	输入因子和单位	可达性算法
个体交通方式	等级公路密度(km/km²)	机会累计
	步行网络密度(km/km²)	
	小汽车停车泊位数(个)	
	自行车、电动自行车泊位数(个)	
	到城市级核心区的个体交通平均出行时间(min)	空间阻隔
	到地区级核心区的个体交通平均出行时间(min)	
	个体交通平均出行时间(min)	
	个体交通到机场枢纽出行时间(min)	
	个体交通到铁路枢纽平均出行时间(min)	空间作用
	个体交通平均出行费用(元)	个体效用
公共交通方式	常规公交站点数(个)	机会累计
	轨道公交站点数(个)	
	常规公交线路密度(km/km²)	
	轨道公交线路密度(km/km²)	
	到城市级核心区的公共交通平均出行时间(min)	空间阻隔
	到地区级核心区的公共交通平均出行时间(min)	
	公共交通平均出行时间(min)	
	公共交通到机场枢纽出行时间(min)	
	公共交通到铁路枢纽平均出行时间(min)	空间作用
	公共交通平均出行费用(元)	个体效用

国土空间利用的因子按空间类型分为生产、生活、生态三类,在不同空间类型内按用地性质可以继续细分。因子需要根据区域空间主导的用地进行选择,使用不同的因子能更好地反映可达性实际水平,具体分类见表 5-2。国土空间利用因子均符合可接触机会的特征,使用机会累计算法进行计算。

(2)分值计算

设规划单元 i 和目的地 j 相关的第 m 个评价因子实际数值为 v_{ijm},计算第 m 个评价因子分值使用的可达性基础算法为 $f_m(\cdot)$。$f_m(\cdot)$ 是空间阻隔、机会累计、空间作用、个体效用算法中的任意一种。经过 $f_m(\cdot)$ 计算和处理后,规划单元 i 的第 m 个评价因子分值为:

$$A_{im} = f_m(v_{ijm}) \tag{5-1}$$

5 基于"三生空间"的广州市可达性评价系统

国土空间利用因子　　　　　　　　　　　　　　表 5-2

因子类型	用地明细	输入评价因子和单位
生产	农业 工业 运输业	一定范围内机场、高铁、港口数量(个)
		一定范围内高速公路出入口数量(个)
		一定范围内覆盖相关用地就业岗位(万个)
		区域相关用地从业人员(万人)
		区域相关用地面积(km²)
	服务业	一定范围内覆盖常住人口(万人)
		公交站点用地面积覆盖率(%)
		轨道站点用地面积覆盖率(%)
		区域相关用地从业人员(万人)
		区域相关用地面积(km²)
生活	社区服务 消费服务 公共服务	公交站点用地面积覆盖率(%)
		轨道站点用地面积覆盖率(%)
		一定范围内覆盖服务设施数量(个)
		区域常住人口数量(万人)
		区域相关用地面积(km²)
生态	城市生态 远郊生态	一定范围内机场、高铁、港口数量(个)
		一定范围内高速公路出入口数量(个)
		一定范围内覆盖常住人口(万人)
		区域相关用地面积(km²)

可达性评价通常不只考虑单一因子,需要综合考虑多种因子,在特定场景下反映出行者某种出行特征的可达性。不同因子的单位和数量级不同,经过 4 种基本可达性算法计算后单位和数量级仍难以统一。为统一不同因子的量纲,利于后续综合可达性评价,可对多个规划单元的 A_{im} 进行分组并赋予对应的分数,在不改变 A_{im} 数量特征的前提下,对 A_{im} 进行无量纲化。对 A_{im} 进行分组的方法为自然间断点分级法,该数据聚类方法旨在确定将数值归入不同分组的最佳安排,在尽量减小组内方差的同时尽量增大组间平均值的偏差,具体分组方法为:

$$I_{im} = \frac{100-\varepsilon}{G_m} \cdot (G_m - g + 1) + \varepsilon \quad (A_{gm}^{\min} < A_{im} \leqslant A_{gm}^{\max}, g = 1, 2, \cdots, G_m) \quad (5\text{-}2)$$

其中,I_{im} 为区域 i 中第 m 个因子的分组分值;ε 为根据需要设置的最低分组分值;G_m 为第 m 个因子的分组数量;g 为分组编号;$A_{gm}^{\min}$ 和 $A_{gm}^{\max}$ 分别为第 m 个因子的

第 g 个分组区间下界和上界。当 A_{im} 落在区间 $(A_{gm}^{\min}, A_{gm}^{\max}]$ 时，规划单元 i 的第 m 个因子会被赋予分组分值 I_{im}，用于后续的可达性值计算。ε 为根据需要设置的最低等级分值。对于部分因子来说，在较大范围区域内，其数值可能接近或等于 0。当这些分值较低的因子数量占全部因子比例较大时，可能会影响可达性值的计算，如城市大部分区域均不存在轨道交通站点，这些区域的轨道交通站点密度或数量为 0，在使用自然间断点分级法进行分组时对应因子会被赋予较低的分组分值，可能导致后续计算的可达性值偏低。在评价因子数值分布正常的情况下，上述情况几乎不可能出现。虽然通过设置 ε 改变了因子分组分值，但规划单元评价结果的相对大小关系并没有改变。可通过设置 ε 来避免这种情况发生，可设置 ε 为 0。

5.1.3 指标测算

(1) 可达性值计算

同一规划单元含有不同的用地开发类型，对应不同的单位、生产部门或企业，生产过程中所偏好的交通方式具有较大区别。使用单一评价因子体系评价含有不同开发类型的规划单元，评价结果很有可能会偏向某一开发类型，导致评价结果不够客观。例如，制造业工厂可能更关注频繁使用的公路与对外枢纽等交通设施，对(城市)公共交通设施和出行质量不敏感；在生产类和个体交通类评价因子值较高的区域，制造业工厂可获取的交通服务较多，而使用公共交通高度相关的可达性进行评价则会导致误判。为避免单一评价因子体系无法同时满足不同交通需求规划的问题，根据规划场景要求，将基于表 5-1 和表 5-2 的交通系统与空间利用因子分类进行组合，可形成"6+2+3"类型场景，见表 5-3。在"6+2+3"类型场景中选择最契合规划对象的一类或多类预设评价因子来计算可达性，如工业区、开发区规划可选择 P1，商业区规划可选择 P2 和 L2。

可达性评价的主要场景及其评价因子范围　　　　　表 5-3

选用因子集合名称及其编号	选用交通因子类别范围	选用空间利用因子类别范围
生产类个体交通方式 P1	个体交通方式	生产
生产类公共交通方式 P2	公共交通方式	生产
生活类个体交通方式 L1	个体交通方式	生活
生活类公共交通方式 L2	公共交通方式	生活
生态类个体交通方式 E1	个体交通方式	生态
生态类公共交通方式 E2	公共交通方式	生态
个体交通 T1	个体交通方式	—

续上表

选用因子集合名称及其编号	选用交通因子类别范围	选用空间利用因子类别范围
公共交通 T2	公共交通方式	—
生产类 U1	—	生产
生活类 U2	—	生活
生态类 U3	—	生态

在可达性值计算前,需要进行参数标定,即确定不同因子的权重,以表示因子的重要度,具体方法是利用熵值法、专家打分法等确定评价因子 m 在上述"6 + 2 + 3"预设评价因子组合 s 下的权重值 β_{sm}。计算 I_{mi} 后,在权重 β_{sm} 确定的基础上对 I_{im} 进行加权平均计算,获得综合可达性值 C_{si}。设预设评价因子组合 s 下选用的评价因子集合为 M_s,规划单元 i 在评价因子组合 s 下可达性值 C_{si} 计算公式为:

$$C_{si} = \frac{\sum_{m \in M_s} \beta_{sm} \cdot I_{im}}{\sum_{m \in M_s} \beta_{sm}} \tag{5-3}$$

另外,规划应用中有时需要考虑更大范围区域的可达性值,此时只需以规划单元面积作为权重,将大单元内的子规划单元可达性值再次进行加权平均计算,即可得到聚合单元的可达性值:

$$C_{sn} = \sum_{i \in Z_n} C_{si} \cdot \frac{D_i}{\sum_{i \in Z_n} D_i} \tag{5-4}$$

其中,C_{sn} 为聚合单元 n 在评价因子组合 s 下的可达性值;n 为聚合单元编号;Z_n 为聚合单元 n 包含的规划单元集合;D_i 为规划单元 i 的面积。

(2)等级划分

获得各规划单元 i 的可达性值 C_{si} 或各聚合单元的可达性值 C_{sn} 后,可对 C_{si} 或 C_{sn} 进行分级,使规划单元 i 或聚合单元 n 除了具有精确的可达性值外,还具备对应的可达性等级,方便用户进行单元间的对比和可视化。根据 C_{si} 或 C_{sn} 在表 5-4 中的对应区间,确定规划单元 i 的可达性等级 r_{si} 或聚合单元 n 的可达性等级 r_{sn}。

区域可达性等级赋予标准　　　　表 5-4

可达性值 C_{si} 或 C_{sn}	可达性值等级 r_{si} 或 r_{sn}	可达性值 C_{si} 或 C_{sn}	可达性值等级 r_{si} 或 r_{sn}
(90,100]	1	(35,50]	5
(80,90]	2	(20,35]	6
(65,80]	3	(10,20]	7
(50,65]	4	[0,10]	8

5.1.4 小结

一个交通小区内可能存在多种类型的产业或空间,如一个交通小区内同时存在生产空间和生活空间,并以生产空间为主导。显然,将该交通小区完全视为只包含生产空间的小区是不合适的,因此根据空间对应的交通属性计算出小区内包含空间对应的可达性综合值后,该交通小区生产空间和生活空间都可拥有对应的评价结果。另外,该交通小区虽然不存在生态空间,但生态空间的可达性综合值可反映该交通小区的生态空间可达性潜力,根据需求可计算生态空间可达性,为该交通小区未来可能出现的生态空间提供可达性评价依据。

在获得可达性指标后,还需要根据地区的发展成熟程度使用不同类型的评价分析流程。地区发展成熟程度分为以下两种类型:① 成熟地区。地区内部的"三生空间"成分已经固定,基本在短期内不可能有较大变化,因此可直接根据区域内存在的"三生空间"选用合适的可达性指标进行评价分析。②未成熟地区。地区内部的已开发区域,分析流程和成熟地区一致;未开发区域则可参考"三生空间"的可达性指标或根据需要自行确定计算可达性指标的输入因子,计算潜在优势空间的可达性,为规划工作提供参考。不同发展程度地区的评价流程(以"三生空间"为例)如图 5-2 所示。

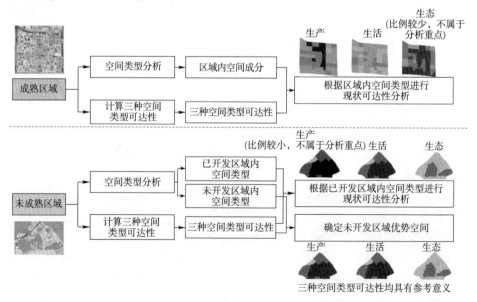

图 5-2 不同发展程度地区的评价流程(以"三生空间"为例)

除了混合空间可达性评价外,在市域范围应用可达性评价模型时,还需要注意的计算细节包括:

(1)城市级核心区和地区级核心区需要人工判断,地区不宜过大;评估现状城市级核心区和地区级核心区可达性值,区域范围通常选用城市中央商务区和副中心;评估规划时期的相同区域可达性值,区域范围通常与国土空间规划保持一致。

(2)处理高铁站距离、机场距离等与时间成本相关的评价因子时,超大型城市的高铁站、机场可能有多个,可将各个铁路客运枢纽的高铁客流或机场的吞吐量占比作为权重,对出行时间进行加权平均计算。

(3)在研究范围较大、评价单元较小的场景下,出行成本因子的计算相对较困难,在数据不完备的情况下可不将出行成本因子纳入评价因子体系。

(4)评价因子分组打分过程中,时间、成本类因子遵循越小越优的原则,机会规模类因子(包括人口、就业岗位、设施量等)遵循越大越优的原则,负向指标需要进行正向处理。

5.2 基于"三生空间"的广州市可达性评价系统

5.2.1 构建流程

借鉴可达性评价模型的基本流程,广州市可达性评价系统构建流程如图5-3所示。首先选用表5-1和表5-2所列举的评价因子,根据选用因子从对应的数据来源收集所需要的基础数据,再根据因子数值及其适配的可达性算法计算出各因子,通过表5-1的因子分组分值计算各交通小区的可达性指标,确定城市各区域的可达性分级。

模型验证方面,使用PTALs方法计算可达性,然后选用与PTALs相同的评价因子,根据图5-1重新计算可达性,比较两者获得的可达性值分布趋势是否一致。除利用PTALs方法进行校验外,利用各可达性基础算法计算得到对应的因子分值后,加权计算相同类型算法得到的因子分值,比较4种算法单独计算结果与可达性值的差异,判断可达性评价能否弥补4种可达性基础算法各自的缺陷。

广州市可达性评价系统构建完成后,应用于国土空间规划5种基本规划场景,具体规划算例的计算。系统输出的可达性评价指标作为规划工作的指导依据。

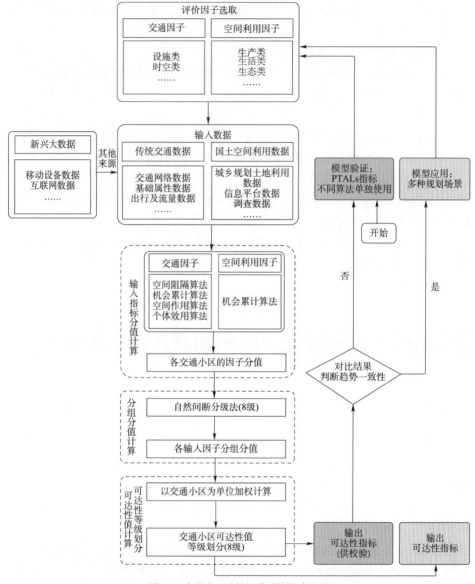

图 5-3　广州市可达性评价系统构建流程

5.2.2　数据来源

广州市可达性评价模型的数据来源主要为国土空间利用数据、传统交通数据和新兴大数据，具体如图 5-4 所示。

5 基于"三生空间"的广州市可达性评价系统

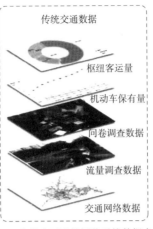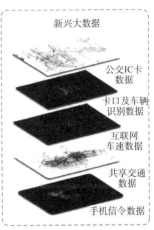

图 5-4　广州市可达性评价系统数据来源

国土空间利用数据包括：
(1) 城乡规划土地利用数据。
(2) 信息平台数据：全市房价、地价、"四标四实"数据。
(3) 调查数据：全国国土调查数据和土地遥感监测数据。

传统交通数据包括：
(1) 交通网络数据：道路网络、公共交通网络和对外客运枢纽数据。模型使用的数据如下。

道路网共8350km，形成"两环、一半环、十七射、七联络"的环形放射状骨架结构。道路网分布如图5-5所示。

公共交通网络包含轨道交通和常规公交线路网络。轨道线路14条，共515km，站点237座。常规公交线路1284条，中心六区运营线路共857条，占比67%。常规公交线路网络分布如图5-6所示。

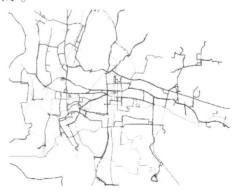

图 5-5　广州市道路网分布　　　　图 5-6　广州市常规公交线路网络分布

城市对外主要客运枢纽包括1个航空枢纽(白云机场)、5个办理客运业务的铁路枢纽。

(2)基础属性数据:机动车拥有情况等。

(3)出行及流量数据:居民出行特征、道路客流量、枢纽客流量(广州市部分铁路枢纽及客流点比见表5-5)和公交客流数据等。处理后的出行数据包括小区间公共交通和个体交通出行时间矩阵。小区间出行分布矩阵数据如图5-7所示。

广州市部分铁路枢纽及客流占比 表5-5

枢纽	铁路线路	高铁功能	高铁客流量(万人次/日)	占比(%)
广州站	京广铁路、广佛肇城际铁路	接发少量南广铁路、贵广高速铁路	0.1	0.7
广州南站	京广高速铁路、广深港高速铁路、贵广高速铁路、南广高速铁路、广珠城际铁路	各方向高速铁路客流	18.3	92.0
广州东站	京九铁路、广深城际铁路	接发部分广深城际铁路转厦深铁路	0.8	4.1
广州北站	京广铁路、京广高速铁路	京广高速铁路中间站,办理少量客运服务	0.5	2.4
庆盛站	广深港高速铁路	广深港高速铁路中间站,办理少量客运服务	0.2	0.8

5061 x 5061			1	2	3	4	5	6	7	8	9	10	11	12	13	14	15	16	17	18	19	20	21	22	23	24	25
	Name																										
		Sum	4203.00	10995.00	147.00	985.00	2594.00	2473.00	114.00	875.00	1844.00	240.00	498.00	602.00	771.00	2889.00	875.00	1795.00	0.00	0.00	552.00	3300.00	1963.00	3590.00	1061.00	2276.00	394.00
1		1883.11	1295.74	100.87	0.00	0.00	199.54	56.46	0.00	0.00	0.00	0.00	0.00	0.00	0.00	0.00	0.00	0.00	0.00	0.00	0.00	0.00	0.00	0.00	0.00	0.00	0.00
2		4935.67	54.44	4374.16	29.40	0.00	14.25	67.75	0.00	0.00	0.00	0.00	0.00	0.00	0.00	13.25	0.00	0.00	0.00	0.00	0.00	11.46	0.00	0.00	0.00	0.00	0.00
3		186.01	0.00	0.00	58.80	0.00	0.00	22.58	0.00	0.00	12.63	0.00	0.00	0.00	0.00	0.00	0.00	0.00	0.00	0.00	92.00	0.00	0.00	0.00	0.00	0.00	0.00
4		471.14	21.78	9.17	0.00	275.80	71.26	56.46	0.00	0.00	0.00	0.00	0.00	0.00	0.00	0.00	0.00	0.00	0.00	0.00	0.00	0.00	12.28	0.00	0.00	0.00	0.00
5		1099.45	185.11	27.51	0.00	39.40	541.60	90.34	0.00	13.67	37.89	0.00	0.00	36.48	0.00	0.00	0.00	0.00	0.00	0.00	0.00	11.46	24.57	0.00	0.00	0.00	0.00
6		3317.59	675.09	27.51	14.70	275.80	427.58	1343.78	12.67	54.69	176.82	0.00	0.00	18.24	0.00	0.00	0.00	0.00	0.00	0.00	15.33	45.83	12.28	22.94	0.00	0.00	0.00
7		356.62	65.33	0.00	0.00	39.40	114.02	22.58	38.00	0.00	25.26	0.00	0.00	0.00	0.00	0.00	0.00	0.00	0.00	0.00	0.00	11.46	24.57	0.00	0.00	0.00	0.00
8		1181.06	32.67	18.34	0.00	0.00	42.76	79.05	12.67	478.52	113.67	0.00	126.76	109.45	0.00	0.00	0.00	0.00	0.00	0.00	0.00	22.92	12.28	91.76	0.00	0.00	0.00
9		2459.57	304.88	18.34	14.70	39.40	114.02	327.47	12.67	68.36	783.07	28.24	63.38	54.73	15.73	0.00	11.08	13.20	0.00	0.00	61.33	91.67	110.55	57.35	0.00	27.59	0.00
10		531.89	21.78	0.00	0.00	39.40	0.00	11.29	0.00	0.00	25.26	112.94	0.00	0.00	0.00	39.76	0.00	26.40	0.00	0.00	0.00	103.12	73.70	68.82	0.00	0.00	0.00
11		664.27	10.89	0.00	0.00	0.00	28.51	11.29	12.67	13.67	101.04	0.00	117.71	0.00	0.00	13.25	0.00	13.20	0.00	0.00	0.00	45.83	24.57	240.86	0.00	0.00	0.00
12		605.77	10.89	9.17	0.00	0.00	14.25	11.29	12.67	27.34	63.15	0.00	0.00	310.12	0.00	26.50	0.00	0.00	0.00	0.00	0.00	22.92	0.00	22.94	0.00	13.79	0.00
13		486.38	0.00	0.00	0.00	0.00	0.00	11.29	0.00	13.67	0.00	0.00	0.00	0.00	188.82	39.76	0.00	0.00	0.00	0.00	0.00	22.92	12.28	0.00	73.68	13.79	13.59
14		1517.22	10.89	9.17	0.00	0.00	0.00	0.00	0.00	0.00	0.00	0.00	9.05	36.48	62.94	689.12	88.61	52.79	0.00	0.00	15.33	206.25	24.57	103.23	29.47	13.79	0.00
15		784.43	10.89	0.00	0.00	0.00	14.25	0.00	0.00	27.34	37.89	14.12	0.00	0.00	47.20	79.51	88.61	65.99	0.00	0.00	0.00	80.21	12.28	0.00	29.47	55.18	0.00
16		1781.38	0.00	0.00	0.00	0.00	14.25	0.00	0.00	13.67	0.00	14.12	0.00	0.00	15.73	172.28	276.90	461.95	0.00	0.00	15.33	515.62	12.28	34.41	0.00	13.79	0.00
17		0.00	0.00	0.00	0.00	0.00	0.00	0.00	0.00	0.00	0.00	0.00	0.00	0.00	0.00	0.00	0.00	0.00	0.00	0.00	0.00	0.00	0.00	0.00	0.00	0.00	0.00
18		0.00	0.00	0.00	0.00	0.00	0.00	0.00	0.00	0.00	0.00	0.00	0.00	0.00	0.00	0.00	0.00	0.00	0.00	0.00	0.00	0.00	0.00	0.00	0.00	0.00	0.00
19		530.92	21.78	0.00	0.00	0.00	0.00	0.00	0.00	0.00	12.63	0.00	9.05	0.00	0.00	13.25	11.08	26.40	0.00	0.00	168.67	103.12	12.28	11.47	0.00	0.00	0.00
20		3034.45	54.44	9.17	0.00	0.00	85.52	33.88	0.00	0.00	50.52	14.12	54.33	0.00	15.73	291.55	44.30	343.16	0.00	0.00	92.00	1054.17	417.62	194.98	0.00	0.00	0.00
21		2360.77	32.67	0.00	0.00	0.00	28.51	33.88	0.00	13.67	12.63	0.00	18.11	0.00	15.73	384.32	44.30	237.57	0.00	0.00	0.00	378.12	798.40	217.92	0.00	13.79	0.00
22		3095.68	0.00	0.00	0.00	0.00	28.51	33.88	0.00	27.34	50.52	14.12	90.55	18.24	15.73	145.78	11.08	105.59	0.00	0.00	15.33	286.46	196.53	1903.96	14.74	27.59	0.00
23		1313.95	10.89	9.17	0.00	0.00	0.00	0.00	0.00	0.00	0.00	0.00	0.00	0.00	94.41	79.51	0.00	13.20	0.00	0.00	0.00	11.46	12.28	0.00	501.03	151.73	0.00
24		1980.25	0.00	0.00	0.00	0.00	0.00	0.00	0.00	0.00	0.00	0.00	0.00	0.00	15.73	79.51	0.00	13.20	0.00	0.00	0.00	11.46	0.00	22.94	58.94	1089.72	135.86
25		306.15	0.00	0.00	0.00	0.00	0.00	0.00	0.00	0.00	0.00	0.00	0.00	0.00	0.00	0.00	0.00	0.00	0.00	0.00	0.00	0.00	0.00	0.00	0.00	96.56	149.45
26		0.00	0.00	0.00	0.00	0.00	0.00	0.00	0.00	0.00	0.00	0.00	0.00	0.00	0.00	0.00	0.00	0.00	0.00	0.00	0.00	0.00	0.00	0.00	0.00	0.00	0.00
27		408.19	0.00	0.00	0.00	0.00	0.00	0.00	0.00	0.00	0.00	0.00	0.00	0.00	0.00	0.00	0.00	0.00	0.00	0.00	0.00	22.92	0.00	0.00	0.00	151.73	0.00
28		0.00	0.00	0.00	0.00	0.00	0.00	0.00	0.00	0.00	0.00	0.00	0.00	0.00	0.00	0.00	0.00	0.00	0.00	0.00	0.00	0.00	0.00	0.00	0.00	0.00	0.00
29		654.23	0.00	0.00	0.00	0.00	0.00	0.00	0.00	0.00	0.00	0.00	0.00	0.00	0.00	0.00	55.38	0.00	0.00	0.00	0.00	0.00	0.00	0.00	0.00	55.18	0.00
30		0.00	0.00	0.00	0.00	0.00	0.00	0.00	0.00	0.00	0.00	0.00	0.00	0.00	0.00	0.00	0.00	0.00	0.00	0.00	0.00	0.00	0.00	0.00	0.00	0.00	0.00
31		0.00	0.00	0.00	0.00	0.00	0.00	0.00	0.00	0.00	0.00	0.00	0.00	0.00	0.00	0.00	0.00	0.00	0.00	0.00	0.00	0.00	0.00	0.00	0.00	0.00	0.00
32		2143.48	0.00	0.00	0.00	0.00	0.00	0.00	0.00	0.00	0.00	0.00	0.00	0.00	0.00	0.00	0.00	0.00	0.00	0.00	0.00	0.00	0.00	0.00	0.00	0.00	0.00
33		2497.96	0.00	0.00	0.00	0.00	0.00	0.00	0.00	0.00	0.00	0.00	0.00	0.00	0.00	0.00	0.00	0.00	0.00	0.00	0.00	0.00	0.00	0.00	14.74	0.00	0.00
34		2828.09	10.89	0.00	0.00	0.00	0.00	0.00	0.00	0.00	0.00	0.00	0.00	0.00	0.00	26.50	0.00	0.00	0.00	0.00	0.00	0.00	0.00	0.00	0.00	0.00	0.00
35		717.21	0.00	0.00	0.00	0.00	0.00	0.00	0.00	0.00	0.00	0.00	0.00	0.00	0.00	0.00	0.00	0.00	0.00	0.00	0.00	0.00	0.00	0.00	0.00	0.00	0.00
36		1215.93	0.00	0.00	0.00	0.00	0.00	11.29	0.00	0.00	0.00	0.00	0.00	0.00	31.47	0.00	0.00	0.00	0.00	0.00	0.00	0.00	0.00	0.00	0.00	0.00	0.00
37		1553.69	0.00	0.00	0.00	0.00	0.00	0.00	0.00	0.00	0.00	0.00	0.00	0.00	0.00	0.00	0.00	0.00	0.00	0.00	0.00	0.00	0.00	11.47	29.47	27.59	0.00
38		744.29	0.00	9.17	0.00	0.00	0.00	0.00	0.00	0.00	0.00	0.00	0.00	0.00	0.00	0.00	0.00	0.00	0.00	0.00	0.00	11.46	0.00	0.00	0.00	0.00	0.00
39		371.55	0.00	0.00	0.00	0.00	0.00	0.00	0.00	0.00	0.00	0.00	0.00	0.00	0.00	0.00	0.00	0.00	0.00	0.00	0.00	0.00	0.00	0.00	0.00	0.00	0.00
40		582.92	0.00	0.00	0.00	0.00	0.00	0.00	0.00	0.00	0.00	0.00	0.00	0.00	0.00	0.00	0.00	0.00	0.00	0.00	0.00	0.00	0.00	0.00	14.74	27.59	0.00
41		496.35	0.00	0.00	0.00	0.00	0.00	0.00	0.00	0.00	0.00	0.00	0.00	0.00	0.00	0.00	0.00	0.00	0.00	0.00	0.00	0.00	0.00	0.00	73.68	0.00	0.00
42		984.10	0.00	0.00	0.00	0.00	0.00	0.00	0.00	0.00	0.00	0.00	0.00	0.00	15.73	0.00	0.00	0.00	0.00	0.00	0.00	0.00	12.28	0.00	0.00	55.18	13.59
43		0.00	0.00	0.00	0.00	0.00	0.00	0.00	0.00	0.00	0.00	0.00	0.00	0.00	0.00	0.00	0.00	0.00	0.00	0.00	0.00	0.00	0.00	0.00	0.00	0.00	0.00
44		0.00	0.00	0.00	0.00	0.00	0.00	0.00	0.00	0.00	0.00	0.00	0.00	0.00	0.00	0.00	0.00	0.00	0.00	0.00	0.00	0.00	0.00	0.00	0.00	0.00	0.00
45		0.00	0.00	0.00	0.00	0.00	0.00	0.00	0.00	0.00	0.00	0.00	0.00	0.00	0.00	0.00	0.00	0.00	0.00	0.00	0.00	0.00	0.00	0.00	0.00	0.00	0.00
46		0.00	0.00	0.00	0.00	0.00	0.00	0.00	0.00	0.00	0.00	0.00	0.00	0.00	0.00	0.00	0.00	0.00	0.00	0.00	0.00	0.00	0.00	0.00	0.00	0.00	0.00
47		0.00	0.00	0.00	0.00	0.00	0.00	0.00	0.00	0.00	0.00	0.00	0.00	0.00	0.00	0.00	0.00	0.00	0.00	0.00	0.00	0.00	0.00	0.00	0.00	0.00	0.00
48		0.00	0.00	0.00	0.00	0.00	0.00	0.00	0.00	0.00	0.00	0.00	0.00	0.00	0.00	0.00	0.00	0.00	0.00	0.00	0.00	0.00	0.00	0.00	0.00	0.00	0.00
49		0.00	0.00	0.00	0.00	0.00	0.00	0.00	0.00	0.00	0.00	0.00	0.00	0.00	0.00	0.00	0.00	0.00	0.00	0.00	0.00	0.00	0.00	0.00	0.00	0.00	0.00
50		504.59	0.00	0.00	0.00	0.00	0.00	0.00	0.00	0.00	0.00	0.00	0.00	0.00	0.00	0.00	0.00	0.00	0.00	0.00	0.00	0.00	0.00	0.00	0.00	0.00	0.00
51		1787.42	10.89	9.17	0.00	0.00	0.00	0.00	0.00	13.67	0.00	0.00	0.00	0.00	0.00	0.00	0.00	0.00	0.00	0.00	0.00	0.00	0.00	0.00	0.00	0.00	0.00
52		0.00	0.00	0.00	0.00	0.00	0.00	0.00	0.00	0.00	0.00	0.00	0.00	0.00	0.00	0.00	0.00	0.00	0.00	0.00	0.00	0.00	0.00	0.00	0.00	0.00	0.00

图5-7 小区间出行分布矩阵数据

新兴大数据包括:

(1) 移动设备数据:手机信令数据。

(2) 互联网数据:网约车、共享自行车数据、兴趣点数据、互联网车速数据、腾讯位置数据。

5.2.3 系统校验

(1) PTALs 工具校验

应用 PTALs 可达性评价工具对广州市域范围内的公共交通可达性进行评价,将评价结果与使用 PTALs 评价因子的广州可达性评价系统输出指标进行对比。选用的 PTALs 评价因子包括:

①距离最近常规公交或轨道站点的距离。

②在最近常规公交或轨道站点的候车时间。

③经过最近常规公交或轨道站点的线路数量。

④15min 步行范围内的大型轨道站点数量。

图 5-8 为广州市域应用 PTALs 可达性评价工具的输出指标(局部),可以看到,在只关注公共交通服务的场景下,可达性在城市中心达到较高等级,在近郊区滑落到较低等级。除了部分轨道站点周边区域,几乎所有远郊区域的 PTALs 等级均处于最低等级。因此,只关注公共交通服务的 PTALs 等级并不适合在远郊区域使用,也不能在远郊区域进行可达性的进一步细分。在广州市可达性评价系统中,使用评价因子的输出指标(局部,如图 5-9 所示),呈现与 PTALs 可达性等级基本相同的结果和分布趋势,表明广州市可达性评价系统可用。

(2) 独立可达性基础算法校验

将广州市可达性评价系统与既有可达性基础算法计算的输出指标进行对比(图 5-10),可以看出广州市可达性评价模型具有更好的评价效果,具体体现在以下方面:

①弥补了空间阻隔算法倾向于职住平衡较高地区的缺陷。

②相较于机会累计算法和空间交互算法,可真实表达发展规模小但质量高的地区的可达性,适用于多中心布局城市。

验证广州市可达性评价系统的准确性后,可计算现状广州市域范围各交通小区的可达性和等级,判断评价因子体系的合理性。

(3) 实际评价结果分析

广州市主城区人口和就业岗位密度高,外围城区居住人口密度高,就业岗位密度相对较低,交通设施布局与人口就业近似。

城市交通与国土空间利用互动评价方法与实践

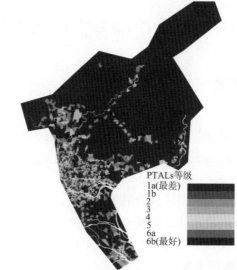

图 5-8 彩图

图 5-8 广州市域应用 PTALs 可达性评价工具的输出指标(局部)

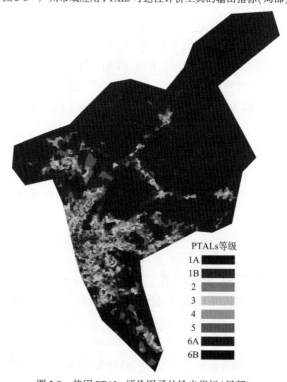

图 5-9 彩图

图 5-9 使用 PTALs 评价因子的输出指标(局部)

092

5 基于"三生空间"的广州市可达性评价系统

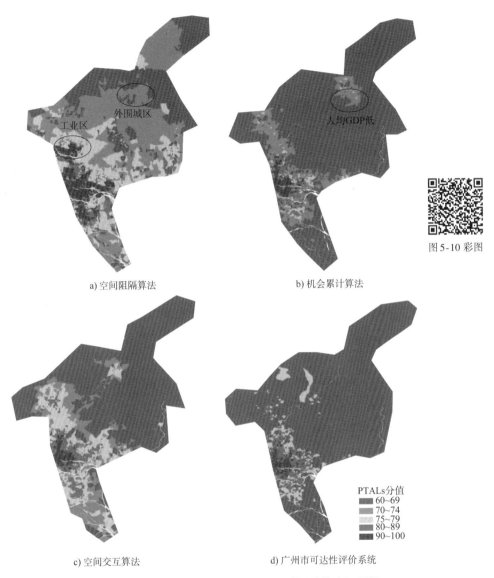

a) 空间阻隔算法　　　　　　b) 机会累计算法

c) 空间交互算法　　　　　　d) 广州市可达性评价系统

图 5-10　广州市可达性评价系统与既有可达性基础算法计算对比(局部)

城市级核心区取珠江新城、公园前,地区级核心区取各行政区的中心(如番禺区的市桥街道、增城区的荔城街道和新塘街道);公共交通时间范围取 30min,个体交通时间范围取 15min。

利用广州市可达性评价系统,使用所有交通因子对广州市市域范围进行可达性评价,获得综合可达性,评价结果使用自然间断点分级法分为8个等级,结果如图 5-11 所示。

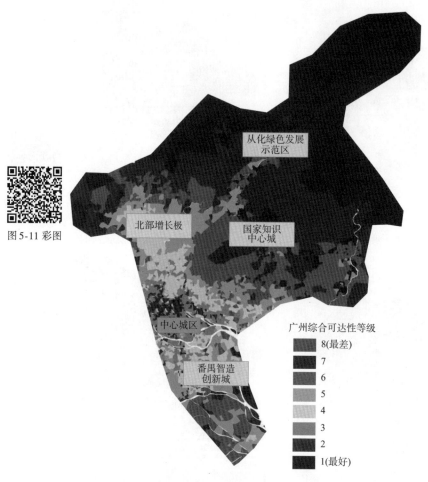

图 5-11 彩图

图 5-11 广州市域综合可达性分布(局部)

可达性等级分布整体呈现以城市核心区和外围核心为中心的多中心圈层分布;外围核心区可达性等级至少比城市核心区低 1 个等级;距离城市核心区越远,可达性等级下降程度越大。

从地区差别来看,广州市越秀区的整体可达性等级全市最高,这与越秀区位于城市中心、交通设施完备、通达性较好的现状情况相符;尽管天河区同处城市中心,但天河区东部交通设施较少,因此整体可达性弱于越秀区和海珠区,全区可达性为全市第三;城郊三区中,白云区可达性最好,排名全市第五;外围四区中,南沙区可达性最高。上述各区的可达性评价结果均符合广州市交通设施分布和出行质量特征,说明可达性评价方法比较合理。广州市各行政区可达性分值汇总见表5-6。

广州市各行政区可达性分值汇总　　　　表5-6

行政区	排名	可达性分值
越秀	1	92
海珠	2	85
天河	3	81
荔湾	4	81
白云	5	74
番禺	6	74
黄埔	7	71
南沙	8	70
花都	9	69
增城	10	64
从化	11	64

5.3 评价系统在广州市国土空间规划中的应用

可达性评价系统可应用于总体规划、详细规划、建设规划等多个阶段的多个场景。广州市将可达性评价技术贯穿于国土空间规划体系中,分别测算了表5-7所列5种场景下广州市域范围内各地区的可达性,辅助开发边界划定、资源投放、空间结构优化等相关政策的制定,支持公共交通服务改善、交通基础设施选址等功能,为政府调配各项公共资源提供参考,促进城市交通和国土空间高质量互动。除此之外,可达性评价还可应用于交通与产业协调判断、重要交通枢纽或站点周边优化等中、微观尺度的局部地区优化场景。

广州市可达性评价系统在5种场景下的应用　　　　表5-7

应用场景	评价内容	选取因素
辅助城镇开发边界划定	边界识别	城市区位、地区区位、机场便捷度和高铁站便捷度
引导城市空间结构优化	功能分区	就业潜力、生活便利性和出行便捷性

续上表

应用场景	评价内容	选取因素
支持空间资源精准投放	资源投放	生活便利性、出行便捷性、机场便捷度和高铁站便捷度
评估交通与产业空间布局协同	匹配评估	出行便捷性、机场便捷度、高铁站便捷度和出行成本
提升交通设施周边用地效能	利用优化	城市区位、地区区位、生活便利性、出行便捷性

5.3.1 辅助城镇开发边界划定

城镇开发边界是在国土空间规划中划定的,在一定时期内指导和约束城镇发展。划定城镇开发边界有利于践行生态文明理念,加强生态环境保育和建设;有利于避免出现大城市无限扩张、中小城市无序发展,合理配置空间资源;有利于优化城市空间结构,合理布局城市功能用地;有利于引导地方政府盘活城市用地存量,节约集约用地。

不同的可达性水平意味着需要采用不同的城镇开发规划和策略。高可达性水平或等级地区,交通设施的完备程度较高,地区的交通设施可接触机会较多,到达城市其他地区的时间较短,因此交通资源支撑的城镇开发规模也较大。中等可达性水平或等级地区,交通设施的完备程度一般,仅能支撑一般规模的城镇开发,相对于高可达性地区,其出行活动水平必须降低,以匹配对应的交通设施供给能力,否则可能导致交通拥堵。低可达性水平或等级地区不宜进行大规模开发。此类地区仅具备基本的交通资源,满足基本的出行活动需求。较大规模开发大概率会导致交通系统过于饱和,交通资源支撑不了对应地区的出行活动需求,一般低等和中等交通水平之间的界限可作为城镇开发边界。

城镇开发边界内应具有较完善的交通基础设施,以支撑边界内的城镇功能开发。因此,辅助城镇开发边界划分场景的可达性水平以交通因子为主,重点反映交通供给水平,间接反映空间发展能力。该场景下,应计算交通综合可达性指标,选取单纯表示交通设施规模和出行优势的相关因子用于评价,对应表5-3中的T1和T2,包括交通因子中个体交通方式和公共交通方式两大类,具体选用的评价因子见表5-8。

辅助城镇开发边界划定选用的输入因子　　　　表5-8

选用的因子类型	具体输入因子
交通因子 个体交通方式	到城市级核心区的个体交通平均出行时间
	到地区级核心区的个体交通平均出行时间
	个体交通到机场枢纽平均出行时间

续上表

选用的因子类型	具体输入因子
交通因子 个体交通方式	个体交通到铁路枢纽平均出行时间
	等级公路密度
	步行网络密度
	个体交通平均出行费用
交通因子 公共交通方式	到城市级核心区的公共交通平均出行时间
	到地区级核心区的公共交通平均出行时间
	公共交通到机场枢纽出行时间
	公共交通到铁路枢纽平均出行时间
	公共交通平均出行费用

图 5-12 中圆圈标注地区的可达性等级较低。根据选取的评价因子,说明该地区缺乏能够支撑城镇功能的交通设施,交通服务水平不佳,无法承载过多的用地开发,应谨慎纳入开发边界。若对圆圈标注地区进行大规模的城镇开发,需要提前投入大量资源。因此相较于其他高可达性地区,圆圈标注地区城镇开发的基础条件欠缺,建议结合其他方面综合考虑,对城镇开发边界进行适当调整。

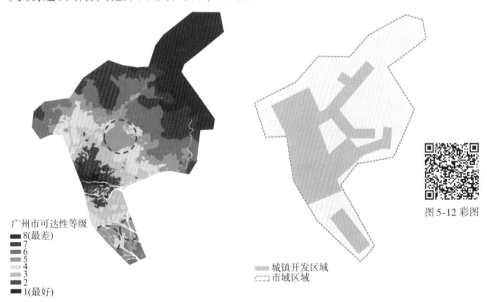

a) 辅助开发边界划定的可达性图   b) 城镇开发边界示意图

图 5-12 辅助城镇开发边界划定(局部)

5.3.2 引导城市空间结构优化

国土空间规划中城市空间结构是确定城市功能分区的主要依据,重要核心、极点或组团通常具备完整产业或强就业中心,因此在选用评价因子计算可达性时,应尽可能选取与生产空间相关的因子。引导城市空间结构优化场景下,应计算生产空间可达性指标。评价因子在表 5-3 中 P1 和 P2 两大类评价因子范围内选择,由空间利用因子中的生产类和交通因子中的个体、公共交通两类方式组成。引导空间结构优化选用的输入因子见表 5-9。

引导空间结构优化选用的输入因子　　　　表 5-9

选用因子类型	具体输入因子
空间利用因子 生产类	30min 出行时间范围内覆盖居住人口
	30min 出行时间范围内覆盖相关用地就业岗位
	公交站点用地面积覆盖率
	轨道站点用地面积覆盖率
交通因子 个体交通方式	个体交通平均出行时间
	个体交通到机场枢纽出行时间
	个体交通到铁路枢纽平均出行时间
	小汽车停车泊位数
交通因子 公共交通方式	公共交通平均出行时间
	公共交通到机场枢纽出行时间
	公共交通到铁路枢纽平均出行时间
	常规公交站点数
	轨道公交站点数

图 5-13 中的中心城区的可达性等级高,普遍为 1~3 级;其次为东部地区,可达性等级为 4~5 级;部分近郊新城的可达性等级达到 3 级。新型居住城镇、轨道沿线和枢纽周边的可达性等级相对较优。其他远郊区域的可达性等级为 7~8 级。东部地区的高可达性优势在广州市国土空间总体规划中得到了重视,由原来的副中心提升为"三核"之一。

5.3.3 支持空间资源精准投放

随着我国城市发展逐步进入存量阶段,迫切需要提升交通与空间的协同水平,以

5 基于"三生空间"的广州市可达性评价系统

空间资源的精准投放促进国土空间价值和交通设施效益的同步提升。城镇开发边界内,部分城区发展水平高,继续投入交通、用地等资源边际效益较低,继续开发或城市更新的性价比有限;城镇开发边界外,部分村镇或景点有较大的开发潜力,投入少量交通、用地等资源有可能获得较大收益,边际效益较高。识别资源投入成效的方法之一是比较资源投入前后居民出行质量和预期服务人群的变化,因此可达性增量可作为空间资源精准投放的重要参考。支持空间资源精准投放场景的可达性应选用交通因子和空间因子,综合反映交通设施的供给水平和空间资源的发展潜力。该场景下,选用与"引导空间结构优化"场景相同的因子,计算现状年的生产空间可达性指标,并与"引导空间结构优化"场景中的规划年生产空间可达性指标进行对比,获取可达性提高增量用于对比相同场景下和相同区域中可达性的变化大小。

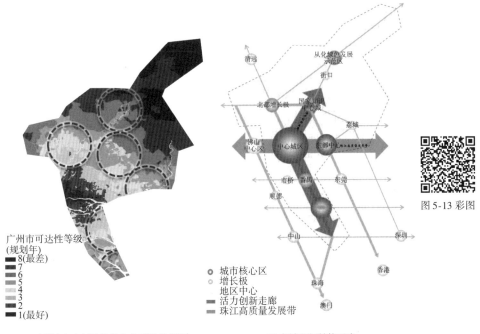

a) 引导城市空间结构优化的可达性等级　　　　b) 市域空间结构示意

图 5-13　广州市"1+1+5"市域空间结构下的市域空间可达性评价应用(局部)

图 5-14 显示,东部中心、南沙、番禺智造创新城、北部增长极和国家知识中心城的核心地区规划年较现状的可达性值提升最大,加大空间资源在这些地区的投入有利于实现交通与空间的协同,这也从侧面证明了空间结构调整的科学性。从化绿色发展示范区可达性现状值和增量值均处于较低水平,如果要规划为与其他

综合新城发展水平接近的"极",则需进一步增加交通设施资源投入,否则应避免投入过多空间资源。中心城区可达性现状值,但总体可达性增量较小,应结合城市更新措施,更精准地在这些地区投入空间资源。

图5-14 彩图

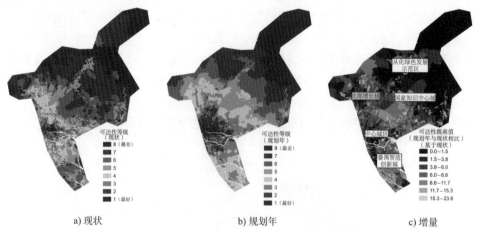

a) 现状　　　　　　　　　b) 规划年　　　　　　　　　c) 增量

图5-14 市域范围内的可达性增量评估结果(局部)

5.3.4 评估交通与产业空间协同

在前述基础上,根据不同空间对应的交通服务设施,构建基于不同空间类型的可达性评价模型,在不同空间布局下,基于交通设施分布形态是否一致、规模是否适配,判断交通基础设施或用地开发建设时序。

以广州市为例,在生产空间方面,市中心区域交通可达性最高,白云机场也具备较高的可达性水平,如图5-15a)所示。此外,生产空间可达性在空间分布上呈现"二八分化"现象。市中心区域可达性较高,随着不断远离市中心区域,可达性先快速下降,后缓慢下降。城市中心与近郊区域均具有较高的生产空间可达性,相关产业的出行活动接触到配套交通设施的机会较多,企业产品和原材料可能快速送达,这些充足的交通资源供给适合企业进行生产活动。

在生活空间方面[图5-15b)],与生产空间交通可达性不一致,生活空间可达性很大程度上依赖公共交通基础设施,因此在城市远郊区域、非公交线路沿线、非地铁线路沿线和非交通枢纽临近区域,生活空间交通可达性降至较低水平。近郊区域生活产业的可达性远远落后于生产和生态可达性,居民的日常生活出行活动质量有待提高。此类区域应慎重进行生活产业的规划和开发,或投入与生活可达性密切相关的交通设施资源。

5 基于"三生空间"的广州市可达性评价系统

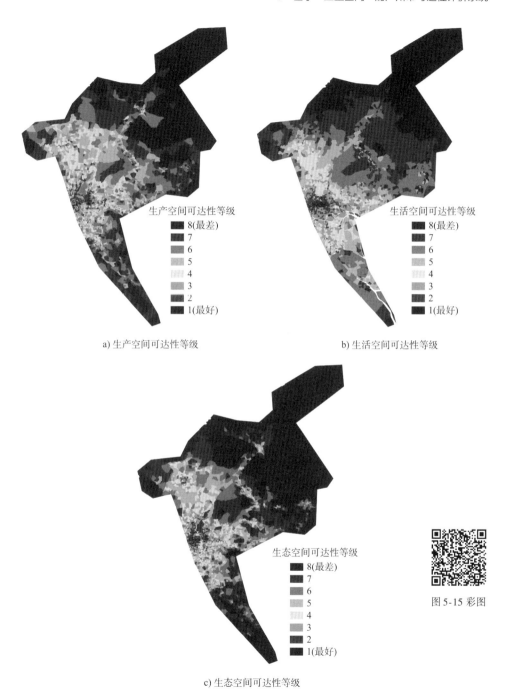

a) 生产空间可达性等级

b) 生活空间可达性等级

c) 生态空间可达性等级

图 5-15 彩图

图 5-15 现状广州市生产、生活和生态空间可达性评价结果(局部)

在生态空间方面,如图5-15c)所示,该类型空间对交通基础设施的要求比生活空间更加宽松,需求主要集中在公交线路和高等级公路。因此对于生态空间而言,具备较多公交线路和高等级公路的城市郊区可达性较高。生态空间可达性从城市中心至近郊区域的变化趋势类似于生产空间,首先较高,再逐渐下降,但生态空间可达性的下降速度比生产空间可达性慢。

远郊区域中3种空间的可达性均处于较低水平,交通资源比较稀缺,产业规模和开发强度也处于全市较低水平。此类区域应慎重进行规划和开发或投入与可达性密切相关的交通设施资源。

5.3.5 提升交通站点周边用地效能

重要交通站点与周边土地以及站点自身综合开发之间存在强烈交互作用,站点使用情况与周边空间利用密切相关。通过计算多个交通站点周边区域的可达性,可以判断站点周边空间开发强度。若交通可达性较高,周边用地开发强度较低,说明交通站点超前建设,存在浪费状况,需要提高周边用地开发规模或者人群对交通站点的使用率。若交通可达性较低,周边用地开发强度较高,说明交通站点规模和承载力不足,存在堵塞过饱和现象,需要利用其他交通方式分流周边人群或改变开发产业类型,以减轻站点负担。

图5-16a)为优化前的站点交通可达性值。其中,低效站点周边交通衔接不足,区位优势不明显,导致站点周边开发存在滞后问题,站点利用程度不足,导致设施浪费。图5-16b)为优化后的站点可达性值。通过提升周边交通衔接、改善用地类型、增加人群使用率,站点周边地区可达性提升,设施使用情况有望得到改善。

5.3.6 补充说明

当选用的评价因子保持不变时,不同城市、不同地区、不同时间节点的可达性值可相互对比,对比结果用于判断不同城市、不同地区的可达性高低和不同时间节点可达性的变化情况,而使用不同评价因子计算的可达性值之间则没有可比性。

在支持资源精准投放的场景,图5-14a)、图5-14b)可达性值计算使用的输入因子完全相同,因此两个不同时间节点的可达性评价结果可相互对比,用于判断可达性变化幅度。而图5-12和图5-13分别是辅助城镇开发边界划定和引导空间结构优化场景,可达性计算使用的输入因子不同,可达性值的侧重点不同,侧重点分别是城镇功能开发潜力和服务产业能力,可能导致部分评价单元可达性值在两种不同场景中存在"一高一低"现象,但这两种结果之间没有可比性,并不会因此产生矛盾。

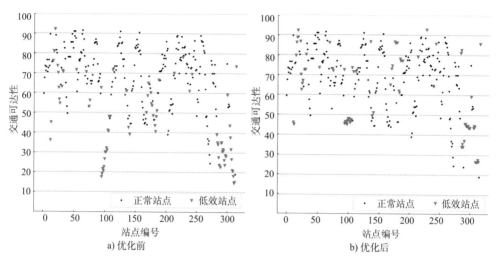

图 5-16 广州市轨道站点优化

本章参考文献

[1] 杨德进.大都市新产业空间发展及其城市空间结构响应[D].天津:天津大学,2012.

[2] Cervero R,戴彦欣.平衡的交通和可持续发展的城镇化——通过制度、需求管理及土地使用措施增强机动性和可达性[J].国外城市规划,2005,20(3):15-27.

[3] 黄金川,林浩曦,漆潇潇.面向国土空间优化的三生空间研究进展[J].地理科学进展,2017(3):378-391.

[4] 马小毅,欧阳剑,江雪峰,等.大城市国土空间规划交通指标体系构建思考[J].规划师.2020,36(1):52-58.

[5] 张卫民.基于熵值法的城市可持续发展评价模型[J].厦门大学学报(哲学社会科学版),2004(2):109-115.

[6] 张兵,林永新,刘宛,等.城镇开发边界与国家空间治理——划定城镇开发边界的思想基础[J].城市规划学刊,2018(4):16-23.

[7] 高晓路,吴丹贤,周侃,等.国土空间规划中城镇空间和城镇开发边界的划定[J].地理研究,2019,38(10):2458-2472.

6 节点-场所模型及其他相关理论与实践

除可达性评价以外,从城市的角度分析交通与土地利用互动相关的理论和实践还有很多,其中节点-场所模型最为城市规划界所熟悉。节点和场所分别是交通规划和城市规划关注的重点。将这两个重点直接关联,可以比较直观地反映交通与土地利用的互动关系。

6.1 节点-场所模型理论

6.1.1 定义辨析

在部分经济发达城市,特别是高密度开发的中心城区,发展集约式交通与用地模式,逐渐成为促进城市交通与土地利用协调的有效路径。节点-场所模型正是在这一背景下诞生的,用于对重要交通枢纽或站点的周边区域,从经济效率、资源集约等角度进行相关评价和优化。根据节点-场所模型,交通设施供给水平决定交通网络中的"节点价值",空间利用及出行活动情况决定周边区域的"场所价值",价值越高,区域的开发程度越高,因此该模型能较好地反映交通枢纽周边土地开发强度。节点-场所模型存在比较基准缺乏、价值对比困难、无法预处理分布异常的评价指标等问题,但通过添加基准、构造其他计算函数、偏度分布调整等措施,可提高节点-场所模型评价结果的直观性、客观性和评价精度。

机场、港口、高铁站、地铁站等交通设施作为交通网络中的节点,通常被看作社会经济活动的空间节点。节点处的客、货流集散推动了周边的土地开发建设,进而提高与土地相关的出行需求。同时,更大的出行需求也会吸引更多交通设施的建设。因此,城市活动的集中区域,通常会有较多的交通设施,这与可达性的分布趋势高度一致。

交通网络中不同等级与位置的节点具有不同的发展状态。节点-场所模型将节点分为起步(dependency)、平衡(accessibility)、极限(stress)、节点失衡(unsustained node)、场所失衡(unsustained place)共5种类型,用于描绘枢纽周边区域之间的差异,如图6-1所示。节点-场所模型已经能初步实现不同区域的开发进程对比、设施和用地匹配状态识别的功能,虽然不能有效给出问题区域的优化策略,但有助于更好地反映区域的开发进程。

节点-场所模型(图6-1)能够定量地评价枢纽的节点价值和场所价值,但5种状态类型在规划或评价中并没有严格的划分标准和实例对照。为便于理解节点价值和场所价值测度结果,可结合城市的4个不同发展阶段,将节点-场所模型的评价结果等级划分为低发展、中发展、高发展、设施浪费和设施不足5种状态(图6-2)。

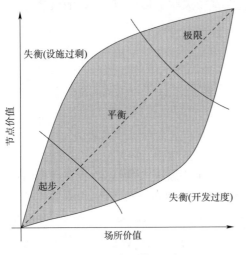

图6-1 节点-场所模型示意

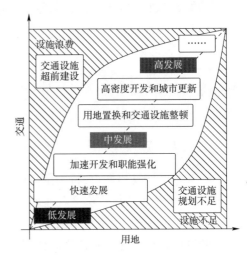

图6-2 不同城市发展阶段状态对应的节点-场所模型

6.1.2 发展历程

20世纪下半叶,伴随着交通工具和交通设施的迅速发展,人流、资本、信息、技术、管理等要素在全球范围内加速流动,促使区域经济社会的空间组织产生变化。1989年,社会学家卡斯特尔(Castells)提出流空间(space of flows)理论,将流空间定义为通过交通运作实现融合的社会实践组织,这种社会实践主导并形成了交通社会。社会围绕交通而建构,交通是社会组织中的一个要素,是经济、政治和生活的表现。交通空间并不能完全取代场所空间,而是以特定的地域空间为节点与核心,与场所空间相互连接,共同形成互动交融的系统形态和功能有序的空间体系。随着高速交通工具的普及与应用,特定的"地域空间"被赋予交通空间和场所空间的双重属性,两种空间的联系越发紧密,相互作用日渐复杂。基于此,荷兰的贝托里尼(Bertolini)于 20 世纪 90 年代开发了节点-场所模型。当时,欧洲众多城市的公共交通设施快速建设,城市分散扩张。作为重要交通节点的火车站及周边区域在城市中的作用日益重要,有潜力发展为新城市中心。贝托里尼受社会学家卡斯特尔的流空间、地理学家德马特斯(Dematteis)的城市网络理论的启发,将公共交通站点视作承担客、货运输功能的交通节点以及提供居住、办公、娱乐等多元化服务的城市场所。此外,他借鉴了经典的土地利用与交通互馈循环(the land-use transport feedback cycle)理论。该理论揭示了城市交通与土地利用间的相互关系,既是节点-场所模型构建的理论基础,也是辅助以公共交通为导向的发展(transit-oriented development,TOD)规划决策的理论依据。

节点-场所模型在国外的研究和应用历程可大致划分为以下 3 个时期:

(1)理论研究(1996—2007 年)。理论研究时期侧重于深化节点-场所模型。荷兰学者茨维代克(Zweedijk)等率先量化并应用节点-场所模型,明确其应用路线;荷兰的规划咨询机构也开发了多种节点-场所扩展模型。

(2)原始应用(2008—2013 年)。原始应用时期主要沿用茨维代克等提出的模型。模型主要应用于荷兰,后逐渐应用于欧洲其他国家。

(3)改进应用(2014 年至今)。改进应用时期对模型的改进较大,节点-场所模型的局限性得以优化。节点-场所模型被应用至全球多个国家和地区,欧洲多个国家研发了应用方向的扩展方法,实证研究数量快速增长。总体而言,开展节点-场所模型实证研究的地区、对象和领域均呈现多元化特征:实证地区涵盖了亚洲、非洲、欧洲的发达国家、发展中国家等不同发展阶段的国家;应用对象包括铁路、地铁、地面常规公交、轮渡等多种类型的交通站点。

节点-场所模型引入我国较晚。惠晓曦等于 2011 年翻译荷兰学者皮克(Peek)等的文章,介绍了节点-场所模型及其在荷兰的应用和扩展历程。在此之后,我国学者逐步应用节点-场所模型及其理论,研究交通站点的特性和类型。目前,节点-场所模型在我国的应用研究大体分为 4 类:①将节点-场所模型作为研究交通站点的理论基础,但并不量化应用节点-场所模型;②沿用原始节点-场所模型及其评价因子体系进行量化研究;③沿用原始节点-场所模型,但改进了评价因子体系(如增加设计类评价因子);④改进节点-场所模型评价因子体系,同时扩展了计算方法。

总体而言,节点-场所模型在国内外的应用研究逐渐增多,且呈现两种态势:第一种,国外大部分研究从完善评价因子体系、扩展算法入手,对节点-场所模型进行了较好的改进和扩展;第二种,国内大部分研究仍然沿用节点-场所模型,对理论适应性的改进和扩展较少,存在区域划定粗略、评价因子片面、应用场景单一等问题。

6.1.3 影响因素

茨维代克(Zweedijk)和塞利(Serlie)最先将节点-场所模型应用到实证研究中,将节点和场所价值进一步细化为测量因子,根据枢纽地区实际发展状况遴选出相应的变量,通过多准则分析法对枢纽地区空间结构进行探讨。节点功能主要通过节点可达性来衡量,交通供给水平和方式多样性是影响节点可达性的重要因素;场所功能主要通过以站点为核心的步行可达范围内城市出行活动强度来衡量。依据标准化处理后的节点价值和场所价值,能够以散点图形式体现评价结果。该项研究为模型评价因子体系的拓展奠定了基础。

早期研究往往仅采用专家问卷法或访谈法选取节点-场所模型的评价因子体系,然而,此选取方法较单一,容易导致评价因子体系的片面性。近年来,评价因子选取的方法和主体逐渐多元化和综合化,专家问卷、专家访谈、多准则决策、文献归纳、汇编栅格分析等方法被结合使用。评价因子选取主体也由单一行业专家变为地方政府、公交运营企业等多领域的专家。多元化的选取方法与主体符合多主体参与站点规划决策及其迭代的流程要求,多文化选取的评价因子体系增加了各种设计类评价因子,更具有全面性、系统性和代表性,反映了站点与周边地区的连通程度以及站点地区的可步行性,能够识别节点与场所性能较好、连通性较差的交通邻近型开发(transit adjacent development,TAD)站点,弥补了节点-场所模型不能区分 TOD 和 TAD 站点的重大不足。此外,反映站点质量的体验类评价因子也被纳入节点-场所模型的评价因子体系,使节点-场所模型的评价视角更加综合、评价因子体系更加全面。

节点价值的评价因素和对应详细评价因子包括:

(1)国家铁路或城际铁路:每日运行频率、行程 45min 内可到达的车站数量、行程 20min 内可到达的车站数量、铁路联运类型等。

(2)地铁、有轨电车、公共汽电车等城市公共交通:一定时间阈值内可到达的其他车站数量、每日运行频率、郊区公交的每日运行频率等。

(3)小汽车、自行车等个体交通:距最近高速公路入口的距离、停车场容量、自行车专用道数量、2km 长度内的自行车道数、自行车停车场容量等。

(4)交通设施分布:网络密度,站点个数等。

场所价值的评价因素和对应详细评价因子包括:

(1)居住:居住人口数量、居住人口净密度等。

(2)就业:第二产业、第三产业就业人员数量和就业密度等。

(3)功能混合型:国土空间利用类型多样性等。

(4)设施设计:步行道路比例、道路交叉口数量、尽端式道路数量、道路整合度等。

(5)其他评价因子:地价、住房和服务设施面积、公寓数量、接受过基础教育人员的失业率。

6.1.4 模型种类

节点-场所模型根据主要用途可划分为3类:第一类是房地产开发预测模型,主要用于预测站点可达性提升对站点附近房地产价值的影响;第二类是揭示站点开发机制的概念模型,主要用于站点开发不同利益主体间交流与协作的定性研究,但不能量化应用;第三类是站点评价与分类模型,主要用于TOD类型推荐和实证研究,是节点-场所模型扩展的主要应用方向。部分模型名称如下:

(1)房地产开发预测模型:荷兰巴克国际顾问公司(Buck Consultant International)开发的抛物线数学模型。

(2)站点开发机制模型:荷兰铁路公司(Nederlandse Spoorwegen,NS)开发的利害协同数学模型(Concern Synergy Model)和豪达佩尔·考芬顾问公司(Goudappel Coffeng)开发的沙漏数学模型(Hourglass Model)。

(3)站点评价与分类模型:四维扩展数学模型、风筝数学模型(Vlieger Model)、节点-场所-交往数学模型(Node-place-meeting Model)、蝴蝶数学模型(Vlinder Model)、雷达数学模型(Radar Model)、节点-场所-体验数学模型(Node-place-experience Model)。其中,蝴蝶数学模型是应用最多的节点-场所扩展模型。

该模型由荷兰三角洲大都市协会(Delta Metropolis Association)与北荷兰省(North Holland Province)合作开发,评价结果由"两翼"构成:"左翼"大小和颜色分别表示节点价值、站点运营的铁路交通类型;"右翼"大小和颜色分别表示场所价值、站区客流及功能特征。当"两翼"大小相对一致时,代表站点的节点与场所功能趋向协同,站点处于平衡发展状态。为了区分站点类型,三角洲大都市协会基于蝴蝶数学模型,总结了12种理想的铁路车站类型。这些典型分类与蝴蝶数学模型一同被用于荷兰以及德国的铁路走廊规划。

6.2 节点-场所模型实践

6.2.1 荷兰兰斯塔德地区及其他地区

贝克尔(Bakel)率先将节点-场所模型引入三角洲大都市协会促进荷兰兰斯塔德地区城市发展政策整合的研究。节点-场所模型迎来了21世纪第一次大规模的应用。

(1) 交通设施与房地产价值评价

"连结"(Connekt)组织(一个公私合作模式的有关交通运输方面的创新组织)委托巴克国际顾问公司开展对房地产价值内涵的研究。其研究目的是为交通枢纽或站点附近的房地产开发潜力预测提供一个评价方法。巴克国际顾问公司随后将节点-场所模型转化为可达性与房地产价值关系的评价方法,基于各种基础设施、发车频率以及出行起点与机场的距离确定区位可达性,并测算节点价值,通过租金及房地产业态测定场所价值。

研究团队假定节点价值与场所价值之间存在一个最佳的平衡状态,提升的节点价值造成的影响将随场所价值的提高而降低。该假设可用抛物线数学模型表示,如图6-3所示。图6-3中的两条抛物线表达了理想状态的变化曲线,其分别显示在高场所价值或高节点价值状态下达到新理想状态的不同路线。图6-3a)中,从A1到A2反映对基础设施的投资导致区位A节点价值的提升;从A2到A3反映场所价值的提升潜力。但是区位A的房地产市场现状有可能阻碍其到达新的最佳状态A3。图6-3b)中,从B1到B2反映房地产投资提高了区位B的场所价值;从B2到B3反映潜在的节点价值提升,然而规划政策或经济条件限制可能会阻碍区位B到达新的平衡状态B3。

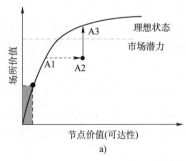

图6-3 抛物线数学模型

由于数据资料有限,该方法无法在可达性提高后对房地产价值的影响进行可靠的估算,但为下一步的研究奠定了基础。相关案例表明,节点-场所模型可以进行简单扩展和定制化,在不同的地区、领域、场景中具有一定的应用潜力。巴克国际顾问公司将该模型应用到了房地产开发领域。

(2)交通设施间的竞争

交通设施间的竞争可用利害协同数学模型(Concern Synergy Model)表示,如图6-4所示。环线表示一个部门设施的使用或土地开发与另一部门的出行需求和交通供给相关,如房地产部门进行的房地产开发将提高站点区位的交通与消费需求,因此增加了其他部门的设施开发潜力。水平箭头表示部门间互相增加各自竞争力的3种方法。一个部门的设施质量可影响总体的区位质量。例如,提供乘客服务的部门能够影响站点区位可达性,而站点区位的开发潜力与可达性高度相关。该模型反映了不同部门之间的利益确实是密切相关的。

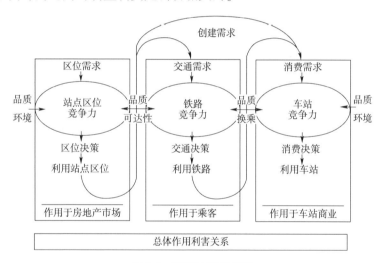

图6-4 利害协同数学模型

(3)TOD开发和交通设施管理部门间的影响

TOD开发和交通设施管理部门间的影响可用沙漏数学模型(Hourglass Model)表示,如图6-5所示。该模型源于荷兰铁路公司委托豪达佩尔考芬顾问公司进行的研究项目,之后又由埃弗拉尔斯(Everaars)继续深化。图6-5中,水平轴表示节点(交通与运输)和场所(空间与经济)的特点,垂直轴则代表潜力(可达性品质)与使用(出行活动),而基于步行距离(500m或10min)的站点区位自身(微观层面)与基于交通网络的站点周边环境(宏观层面)也得到了区分。

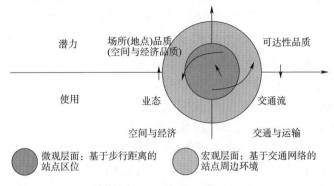

图 6-5 沙漏数学模型

沙漏数学模型的基本观点是交通节点的"业态"与"可达性品质"之间没有直接的关联,二者的数量仅仅通过"场所"与"交通设施"间接相关。布伦德(Brand)等描述了这 4 种状态之间的 5 种关系,可追溯到土地利用-交通模型、动态交通模型、城市发展过程中功能与区位品质之间的互惠关系等内容。具体如下:①改善可达性以增加潜力客流的聚集,使区位更具吸引力;②设置新功能以吸引更多人口,产生更多出行活动,但可能导致交通拥堵和可达性降低;③可达性的改善导致更大规模的出行活动,间接的设施供给创造了新的出行需求;④较高的地价与优质的交通设施增强了区位吸引力;⑤便利的交通设施提高了区位对零售业的吸引力,但也可能造成环境污染问题。

除了上述的 3 种模型,其余的数学模型基本都是在节点-场所模型的基础上增加了新的分析维度,试图从更多的维度来描述交通设施和土地开发的相关程度。荷兰开发了许多改进的节点-场所模型。图 6-6 ~ 图 6-12 所示的案例是改进的节点-场所模型在荷兰的应用,主要在图示方法、结构维度等方面进行了演变,各有侧重点。例如,图示方法由二维散点图演变为空间直角坐标图或极坐标图,维度也相应由二元坐标轴扩展为节点、场所方面的三元或更多元坐标轴。其中,三维结构更有利于直观分析节点、场所与设计(导向)功能间的相关性,而极坐标图扩展模型既可以呈现不同站点的多个评价因子数据,也可以展现每类站点多维度的开发标准。

6.2.2 捷克俄斯特拉发

埃文(Ivan)等以捷克俄斯特拉发为例,使用节点-场所模型的同时引入多种类型的数据,研究铁路车站周边区域价值和潜力。研究发现,铁路车站的节点、场所价值不仅取决于其所在交通网络的位置,还取决于周边环境的状态、结构分布和开发容量。埃文等对场所价值和节点价值的计算部分进行了改进,场所价值方面引入站点周边700m范围内的人口、就业率、产业结构、零售业密度、土地利用和地价等评价因子,节点价值方面引入发车数量、停车容量、城市交通车站数量等评价因子,并讨论了其他有助于站点周边区域二次开发的评价因子。不同站点周边区域的场所价值、节点价值存在着显著差异(图6-13所示)。

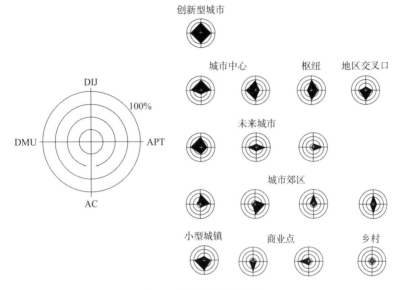

图 6-6　四维扩展数学模型

APT-公共交通的可达程度;AC-乘车可达程度;DMU-混合使用程度;DIJ-当地居民和就业密度

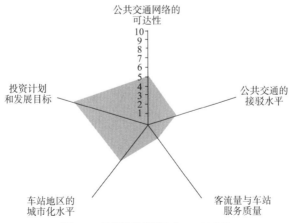

图 6-7　风筝数学模型(Vlieger Model)

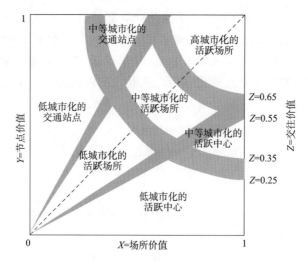

图 6-8　节点-场所-交往数学模型（Node-place-meeting Model）

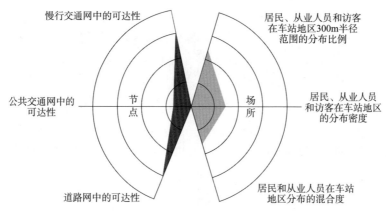

图 6-9　蝴蝶数学模型（Vlinder Model）

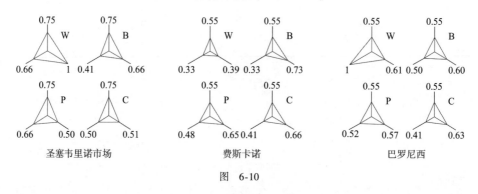

图 6-10

6 节点-场所模型及其他相关理论与实践

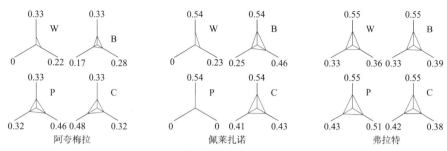

图 6-10 雷达数学模型(Radar Model)
W-步行交通;B-自行车交通;P-公共交通;C-汽车交通

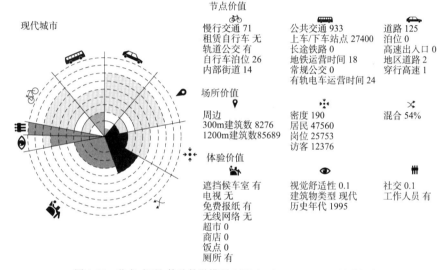

图 6-11 节点-场所-体验数学模型 1(Node-place-experience Model 1)

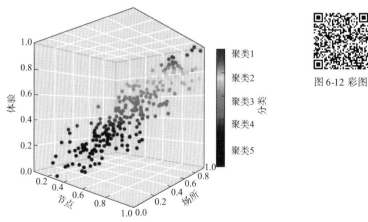

图 6-12 节点-场所-体验数学模型 2(Node-place-experience Model 2)

115

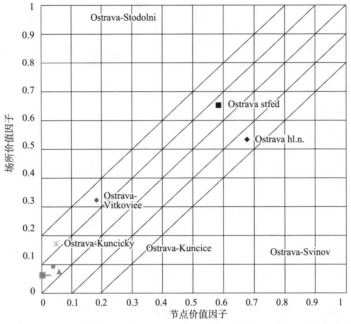

图6-13 俄斯特拉发铁路车站节点-场所模型评价结果①

由于该案例样本数量较少,俄斯特拉发少量的优势站点会大幅压低非优势站点的节点、场所价值,造成误判。节点-场所模型无法处理有偏样本的天然劣势在这个案例中得以体现。

6.2.3 澳大利亚珀斯

巴布(Babb)等基于节点-场所模型提出了一套分析流程,用于判断澳大利亚珀斯不同类型的轨道站点周边是否达到 TOD 开发的最佳状态,以及与最佳状态之间的差距。巴布等使用交通衔接性、公共领域和环境保护 3 种因素,以分别位于"传统型"区域、立体交叉道、高速公路中间地块、分流处旁的 13 个轨道客运车站及其周边区域为例进行了评价,并判断开发短板,如图 6-14 所示。

---

① Ostrava-Stodolní,Ostrava-Vitkoviee,Ostrava-Kunčice,Ostrava-Kunčičky,Ostrava-Bartovice,Ostrava-Mar. Hory,Ostrava-Třebovice,Ostrava střed,Ostrava hl. n. ,Ostrava-Svinov,Polanka 均为俄斯特拉发地区的铁路车站。

6 节点-场所模型及其他相关理论与实践

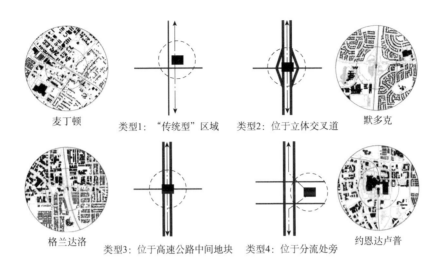

图 6-14 部分轨道站点所衔接的道路类型和周边 800m 建筑分布

珀斯的案例更加注重站点周边开发的细节,能够应用节点-场所模型在细节上更丰富地分析站点的开发程度和平衡状况。但该案例仅考虑的 3 种因素中,公共领域和环境保护这两种因素不一定是影响站点开发的主要因素,这可能是国外研究和规划实践者的侧重点和观念不同导致的。

6.2.4 日本东京

肖吕斯(Chorus)等使用节点-场所模型来确定哪些交通和土地利用因素是决定东京站区发展的主要因素及其重要度,试图找出东京铁路和房地产开发之间的关系,并推广至其他大都市。经过节点-场所模型分析,铁路车站与中央商务区的距离以及铁路的服务频率、发车对数与劳动力集中度是影响东京站区发展的主要原因,同时政府政策等其他因素也发挥了一定的作用。

如图 6-15 所示,日本东京绝大多数站区位于节点-场所模型的"45°中线"附近,处于平衡发展状态。然而,单纯使用节点-场所模型,只能对站点的周边开发和网络连通性进行简单评估,并标记个别严重失衡的站点,无法获得精确的站点 TOD 开发水平和周边产业配对情况。

6.2.5 中国北京

吕国玮等以北京都市圈为例,使用节点-场所模型辅助站点周边 TOD 开发策略的制定,对站点周边"交通"和"发展"的组成部分进行可视化,并在第三个"定向"

维度上加以扩展,以量化"交通"和"发展"组成部分相互影响的程度。吕国玮等检索了主要 TOD 评价因子,选择适合北京的评价因子,并通过聚类分析将地铁站点周边地区划分为不同的 TOD 类型。通过 6 种不同的北京地铁站点类型说明不同场景下的 TOD 开发策略,为当地城市和交通规划师、设计师和决策者提供支持。

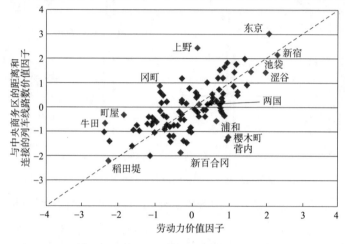

图 6-15　东京站区节点-场所模型评价结果

与其他国家的实践案例相比,北京的实践案例对节点-场所模型的应用更加全面,选用 TOD 高度相关的因素,并对站点进行分类,给出不同类型对应的开发优化策略。与其他研究案例一样,北京的实践案例也是仅从评价结果散点图入手,无论考虑因素种类如何多样,都无法获取精确的分类等级。二维坐标分类聚类算法的固有缺点也决定了总会有少量站点分类不合理、不精确。

6.2.6　小结

众多城市的研究者对节点-场所模型进行了多种改进,包括增加新维度、更改输入评价因子、重新定义评价结果概念等,获得了多种改进的节点-场所模型,增加了节点-场所模型在不同场景下的适应性。节点-场所模型能有效地比较不同区域、不同因素的相对大小关系,并且能直接让模型使用者筛选严重失衡的区域。

尽管节点-场所模型的改进类型多样,但仅仅是增加了模型评价的因素,本质上没有解决其存在的主要缺陷,具体表现如下:①与常见的评价算法或数学方法不同,节点-场所模型缺乏普遍认可的数据预处理方法。大部分既有研究均自行定义,甚至没有提及数据预处理方法。部分交通和空间利用因子数据的分布形态特殊,在没有合理数据预处理方法的情况下,评价结果可能存在异常。②节点-场所模型将散点评价结果划分为起步、平衡、极限、节点失衡和场所失衡5种状态,但并没有具体的定量划分标准。③评价结果只能以多维散点图形式进行呈现。随着考虑因素数量的增加,散点图从二维增加至三维,且存在负值,使节点-场所模型的使用者更难理解评价结果。④研究区域是否失衡只能通过对比因素的综合水平进行判断,也就是通过散点偏离中轴线、对称线或其他平衡线的距离进行判断,这种方法既不科学又不可靠。⑤既有改进的节点-场所模型通过交通设施、空间开发和其他因素的综合水平,判断整个研究区域的开发状况。无论如何添加因素、改变输入的评价因子,模型始终只会反映交通设施、空间开发等因素的综合数值大小,无法获得更深层次交通设施类型和空间利用类型的关系。

6.3 其他分析方法与实践

除节点-场所模型外,主要还有两个方向的交通与土地利用互动的相关理论,即对应定性分析的相关关系分析和对应定量分析的数学模型的相关理论。

6.3.1 对应定性分析的相关关系分析的理论及实践

斯托弗(Stover)指出,城市土地利用与交通系统之间存在双向反馈影响,主要表现在以下两个方面。

(1)城市土地利用影响交通系统

普什卡利夫(Pushkarev)指出,城市土地利用密度越高,交通需求量就越大,公共交通系统的使用效率越高,即城市土地利用密度影响交通出行方式的选择,进而影响到交通系统模式;汉森(Hanssen)研究挪威奥斯陆时发现,土地利用的变化引起了交通出行流量的相应变化,住宅密度是重要的影响因素;朱利亚诺(Giulianol)通过详细研究发现,住宅、人口和工作岗位等因素均对交通系统产生影响;哈特(Heart)则研究了城市形态等布局因素对交通系统产生的影响。

范炳全和黄肇义深入研究了城市中观层次土地开发的交通影响。他们认为城市一定区域的路网交通运行水平与其土地利用水平之间存在密切联系,使用边际效用概念定义了交通影响,建立了区域路网服务水平与区域土地利用水平之间的关系函数。

(2)城市交通系统影响土地利用

国外学者的研究重点主要放在城市交通系统对城市空间形态、土地利用布局和土地价格的影响上。例如,施盖尔弗(Schaeffer)系统地探讨了城市交通系统与城市空间形态的关系,指出了城市交通系统在城市空间形态演变中的影响作用,即城市交通系统深刻地影响着城市空间形态。奈特(Knight)研究了城市交通系统对土地利用的影响,系统总结了影响土地利用的各种因素,如可达性、土地连接成片难易程度和土地利用政策等,其中可达性是影响土地利用的重要因素之一。拜尔沃德(Baerwald)讨论了可达性对住宅开发的影响,指出可达性是住宅开发的关键因素,即城市交通建设对土地价格有重要影响。

国内学者王根城在一定的交通设施条件下,用关键瓶颈点、路段剩余通行能力反算区域内的开发余量,把拟建项目对区域交通的影响限制在区域交通承载能力的控制范围之内。邓毛颖等以广州为例,研究了居民出行与土地利用之间的关系,并从居民出行角度对未来城市交通发展与土地利用布局提出了建议。陈金玉和刘建明基于路段通行能力限制,以路段通行能力为制约条件,引入土地开发强度因素,评价路段通行能力对小区土地利用的限制,研究了路段通行能力对土地利用的影响。张兵等为提高区域交通网络系统评价的科学性与合理性,在构建区域交通网络系统评价因子体系的基础上,建立区域交通网络评价方法。该评价方法侧重于输入和输出因子属性数据分析,考虑了因子间的相对重要性,通过在系统评价过程中引入虚拟评价单元,求得评价单元的综合效率值,进而得到各评价单元排序结果及等级,使评价结果更具有指导性。该评价方法以珠三角地区不同年份的宏观经济因子和交通设施因子作为实例,如图6-16所示,发现随着交通网络规划建设的实施,珠三角地区交通网络评价效率指数逐年提高。该评估方法的评估结果简单直观;但在评估效果上仅实现了区域间的简单对比和排序,没有给出优化措施或建议值。

6.3.2 对应定量分析的数学模型的理论及实践

描述两者关系的数学定量评价方法一直是定量研究两者互动关系的有力工具。国外学者通过多种方法建立了多种数学定量评价方法,并在规划实践中应用。自20世纪50年代开始,索思沃思(Southworth)开始尝试研究土地利用与城市交通之间的相互作用机理,并建立了一些反映二者关系的数学定量评价方法,对二十世纪七八十年代后城市交通与土地利用一体化综合模型的研究起了重要的推动作用。但由于模型需要大量数据和计算,缺乏灵活性、实用性和可移植性,所以在规划实践中应用较少。

当前,与对应定量分析的数学模型相关的研究主要集中在纯数学方法,包括距离协调度、复合系统理论、经济投入产出效率、专家打分法等评价方法。距离协调度是最简单的定量分析方法,通过计算因子之间或因子与标杆之间的差距值,判断因子的规模和等级,如欧式距离、均方差等常用相似度评价指标。复合系统理论主要包括序参量、耦合度、系统动力学等方法或理论,使用复合系统内部因子来对子系统间的关系和作用进行模拟;经济投入产出效率的代表性评价方法是数据包络分析法,该方法通过调整不同因子的权重计算相对效率值评价经济匹配程度。专家打分法主要包括层次分析法、模糊数学法等方法。此方法通过预先确定评价因子,通过专家打分确定权重,完成交通和空间利用的匹配性评价。使用较为频繁的评价方法有 4 类,其常用评价因子、优点和局限性见表 6-1。

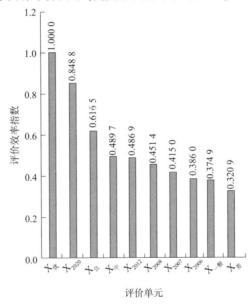

图 6-16 珠三角地区交通网络评价效率指数分布

对应定量分析的数学模型相关理论(方法) 表 6-1

定量 分析方法	常用土地利用因子	常用城市交通因子	优点及局限性
相似性 评价方法	①土地利用密度(人口密度); ②土地利用规模(城市建成区面积); ③土地利用布局(土地利用混合度指数、均衡度指数、优势度指数等)	①道路里程; ②轨道交通运营里程; ③交通运输工具的数量	优点:计算和拓展简单; 局限性:各项因子的理想值和权重取值过于主观

续上表

定量分析方法	常用土地利用因子	常用城市交通因子	优点及局限性
数据包络分析	①平均人口密度；②交通用地面积；③就业岗位与居住人口比	①公交客运量；②公交承担率；③常规公交运营里程；④轨道交通运营里程；⑤人均出行距离	优点：同时处理多因子输入输出问题；局限性：使用相对效率，因子数值特征呈现偏态分布时，相对效率不能反映实际情况
序参量评价法	①土地利用面积；②土地利用密度；③土地利用多样化指数	①人均道路面积；②交通设施投资占当年财政支出的比例；③机动车拥有量	优点：计算和拓展简单；局限性：需要同时计算两个时刻的有序度，通过变化趋势判断协同性对数据要求较高
模糊层次分析法	①土地利用规模（居住用地面积）；②土地利用密度（人口密度和就业密度）；③土地利用布局（多样化指数、优势度指数和均匀度指数）	①道路用地面积；②轨道线路里程；③高峰时段公共交通比例；④机动车拥有量	优点：与传统层次分析法相比，加入了模糊综合评价法，将定性因子有效转化为定量因子；局限性：专家打分选取权重的方法过于主观

不同评价方法具有不同的优点和局限性，需要根据场景进行选取。交通与土地利用互动评价属于复杂系统的多因子综合评价问题。一方面，应通过确立合理的评价准则，真实全面地反映二者之间的双向互动和匹配情况。另一方面，应针对城市交通设施与空间系统特征，构建合适的评价因子，反映影响二者供需匹配关系的关键因素，揭示二者互动和匹配的原因。

国内最早利用此类评价方法的是杨励雅等，他们使用数据包络分析法识别城市交通与土地利用的协调程度和影响二者协调发展的关键因素。分析结果表明：1994年以前以及2003年之后，北京各年城市交通与土地利用双向协调发展指数均达到或接近1，协调性相对较好，而1995—2003年的协调性相对较差。罗铭、陈艳艳等基于复合系统理论，结合数据包络分析法和模糊数学的隶属度概念，构建了城市交通和土地利用的协调度计算方法，选取协调度评价因子，对北京市的城市交通和土地利用复合系统的协调度进行了计算，得到的结论是：交通和土地利用复合系统一直处于基本不协调状态，在采取调整优化措施后有望达到系统协调发展的状态。上述方法仅采用少量易获取的城市宏观因子，对城市交通和土地利用的宏观平衡状态进行了简单评估,证明了评价方法的可行性,为后续其他维度、其他精度的同类评估奠定了基础。

首次将此类评价方法应用在实际控规中的城市是邯郸。规划师以南湖管理单元3为背景,设定了22个外部交通小区和68个内部交通小区,预测了4类土地利用因子和9类交通设施因子,计算了输入因子和输出指标的偏好约束条件。研究提出的方法克服了层次分析法过于依赖主观意向的局限,弥补了数据包络分析法忽视决策者偏好的不足,缩小了土地利用与城市交通协调分析结果和实际状况之间的偏差。与传统控规以供需比分析为核心的评估方法不同,邯郸综合利用城市交通设施和土地利用因子,使用数学方法进行辅助评价,避免主观设置权重,对用地和交通设施适配性进行评估,以控制开发规模上限。

本章参考文献

[1] 张兵,曾明华,胡启洲. 基于 AHP 约束锥的区域交通网络 DEA 评价模型[J]. 公路工程,2015,40(6),59,63-95.

[2] 杨励雅,邵春福,刘智丽,等. 城市交通与土地利用互动机理研究[J]. 城市交通,2006,4(4):21-25.

[3] 杨励雅,邵春福. 城市交通与土地利用协调关系的数据包络分析模型[J]. 交通运输工程学报,2007,7(6):107-112.

[4] BERTOLINI L. Spatial development patterns and public transport: the application of an analytical model in the Netherlands[J]. Planning Practice and Research, 1999,14(2):199-210.

[5] BERTONLINI L, SPIT T. Cities on rails: the development of railway stations and their surroundings[M]. E & FN Spon, 1998.

[6] CHORUS P, BERTOLINI L. An application of the node place model to explore the spatial development dynamics of station areas in Tokyo[J]. Journal of Transport and Land Use,2011,4(1):45-58.

[7] CASTELLS M, BLACKWELL C. The information age: economy, society and culture. Volume 1. the rise of the network society[J]. Environment and Planning B: Planning and Design,1998,25:631-636.

[8] 吴康,方创琳,赵渺希,等. 京津城际高速铁路影响下的跨城流动空间特征[J]. 地理学报,2013,68(2):159-174.

[9] 高鑫,修春亮,魏冶. 城市地理学的"流空间"视角及其中国化研究[J]. 人文地理,2012,27(4):32-36,160.

[10] HALBERT L, RUTHERFORD J. Flow-place: reflections on cities, communication and urban production processes[J]. GaWC Research Bulletin,2010(352):5.

[11] DEMATTEIS G. Global networks, local cities[J]. FLUX Cahiers Scientifiques Internationaux Réseaux et Territoires,1994,10(15):17-23.

[12] BERTOLINI L. Nodes and places: complexities of railway station redevelopment [J]. European Planning Studies,1996,4(3):331-345.

[13] WEGENER M, FÜRST F. Land-use transport interaction: State of the art[J]. A-

vailable at SSRN 1434678,2004.

[14] REUSSER D E,LOUKOPOULOS P,STAUFFACHER M,et al. Classifying railway stations for sustainable transitions-balancing node and place functions[J]. Journal of Transport Geography,2008,16(3):191-202.

[15] VALE D S,VIANA C M,PEREIRA M. The extended node-place model at the local scale:Evaluating the integration of land use and transport for Lisbon's subway network[J]. Journal of Transport Geography,2018,69:282-293.

[16] KAMRUZZAMAN M,BAKER D,WASHINGTON S,et al. Advance transit oriented development typology:case study in Brisbane,Australia[J]. Journal of Transport Geography,2014,34:54-70.

[17] VALE D S. Transit-oriented development,integration of land use and transport,and pedestrian accessibility:Combining node-place model with pedestrian shed ratio to evaluate and classify station areas in Lisbon[J]. Journal of Transport Geography,2015,45:70-80.

[18] 赫特,卢卡,汉斯.透视站点地区的发展潜能:荷兰节点-场所模型的10年发展回顾[J].惠晓曦,曹浩伟,赵之枫,译.国际城市规划,2011,26(6):63-71.

[19] 侯雪,张文新,吕国玮,等.高铁综合交通枢纽对周边区域影响研究——以北京南站为例[J].城市发展研究,2012,19(1):41-46.

[20] 任利剑,运迎霞,权海源.基于"节点-场所模型"的城市轨道站点类型及其特征研究——新加坡的实证分析与经验启示[J].国际城市规划,2016,31(1):109-116.

[21] 吴韬,严建伟.城市轨道交通站点可达性度量及评价——以天津市为例[J].地理与地理信息科学,2020,36(1):75-81.

[22] LI Z,HAN Z,XIN J,et al. Transit oriented development among metro station areas in Shanghai,China:Variations,typology,optimization and implications for land use planning[J]. Land Use Policy,2019,82:269-282.

[23] SERLIE Z. Stationslocaties in vergelijkend perspectief[D]. Utrecht:Unir-ersiteit Utrect,1998.

[24] ZWEEDIJK A,SERLIE Z. Een "knoop-plaats"-model voor stationslocaties[J]. Geografie,1998,7(5):35-37.

[25] CASET F,VALE D S,VIANA C M. Measuring the accessibility of railway stations in the Brussels Regional Express Network:A node-place modeling approach[J].

Networks and Spatial Economics,2018,18: 495-530.

[26] LYU G,BERTOLINI L,PFEFFER K. Developing a TOD typology for Beijing metro station areas[J]. Journal of Transport Geography,2016,55: 40-50.

[27] RENNE J L. From transit-adjacent to transit-oriented development[J]. Local Environment,2009,14(1): 1-15.

[28] GROENENDIJK L,REZAEI J,CORREIA G. Incorporating the travellers' experience value in assessing the quality of transit nodes: A Rotterdam case study[J]. Case Studies on Transport Policy,2018,6(4): 564-576.

[29] BALZ V,SCHRIJNEN J. From concept to projects: stedenbaan, the Netherlands[J]. A + BE| Architecture and the Built Environment,2019(6): 59-75.

[30] BEKINK J. A comparative analysis of station area evaluation models in the Dutch practice of transit-oriented development[D]. Groningen: Univerisity of Groningen,2017.

[31] TAN W. Maak Plaats! Werken aan knooppuntontwikkeling in Noord-Holland[J]. Stedenbouw en Ruimtelijke Ordening,2014,95(5): 55.

[32] NIGRO A,BERTOLINI L,MOCCIA F D. Land use and public transport integration in small cities and towns: Assessment methodology and application[J]. Journal of Transport Geography,2019,74: 110-124.

[33] ZHANG Y,MARSHALL S,MANLEY E. Network criticality and the node-place-design model: Classifying metro station areas in Greater London[J]. Journal of Transport Geography,2019,79: 102485.

[34] CHORUS P,BERTOLINI L. An application of the node place model to explore the spatial development dynamics of station areas in Tokyo[J]. Journal of Transport and Land Use,2011,4(1): 45-58.

[35] BRAND-VAN TUIJN H A,FANOY J A,SCHOTANUS B. Zandlopermodel: uitbreiding van het model van Bertolini [C]//Colloquium Vervoersplanologisch Speurwerk. 2001.

[36] LYU G,BERTOLINI L,PFEFFER K. Developing a TOD typology for Beijing metro station areas[J]. Journal of Transport Geography,2016,55: 40-50.

[37] CASET F. Planning for nodes, places, and people: a strategic railway station development tool for Flanders[D]. Ghent University,2019.

[38] DUFFHUES J,MAYER I S,NEFS M,et al. Breaking barriers to transit-oriented

development: Insights from the serious game SPRINTCITY[J]. Environment and Planning B: Planning and Design,2014,41(5): 770-791.

[39] VERGIL S, KOEPKE F J. Transportation and land development[J]. Engleood Cliffs,NJ: PrenticeHall,1988.

[40] PUSHKAREV B S,ZUPAN J M. Public transportation and land use policy[M]. Bloomington: Indiana University Press,1977.

[41] HANSSEN J U. Transportation impacts of office relocation: A case study from Oslo [J]. Journal of Transport Geography,1995,3(4): 247-256.

[42] GIULIANO G,GILLESPIE A. Research issues regarding societal change and transport[J]. Journal of Transport Geography,1997,5(3): 165-176.

[43] HEART B,BIRINGER J. The smart growth-climate change connection[M]. Conservation Law Foundation,2000.

[44] SCHAEFFER K H,SCLAR E. Access for all: transportation and urban growth[M]. Columbia University Press,1980.

[45] KNIGHT R L,TRYGG L L. Land use impacts of rapid transit: Implications of recent experience[J]. 1977.

[46] BAERWALD T J. The site selection process of suburban residential builders[J]. Urban Geography,1981,2(4): 339-357.

[47] 范炳全,黄肇义.城市土地开发交通影响的理论模型[J].国外城市规划,1998(1): 25-30.

[48] 王根城.大城市区域交通影响分析方法研究[D].北京:北京工业大学,2007.

[49] 邓毛颖,谢理,林小华.广州市居民出行特征分析及交通发展的对策[J].热带地理,2000,20(1): 32-37.

[50] 陈金玉,刘建明.道路通行能力对土地利用的限制分析[J].黑龙江工程学院学报(自然科学版),2010,24(1): 33-35.

[51] 张博.城市土地开发强度分区研究——以南京老城区为例[D].南京:南京大学,2010.

[52] GREENE D L,WEGENER M. Sustainable transport[J]. Journal of Transport Geography,1997,5(3): 177-190.

[53] WHITMAN C T. The metropolitan challenge[J]. Brookings Review,1998,16(4): 3-4.

[54] BERTOLINI L,LE CLERCQ F,KAPOEN L. Sustainable accessibility: a conceptu-

al framework to integrate transport and land use plan-making. Two test-applications in the Netherlands and a reflection on the way forward[J]. Transport Policy, 2005,12(3): 207-220.

[55] VOLD A. Optimal land use and transport planning for the Greater Oslo area[J]. Transportation Research Part A: Policy and Practice,2005,39(6): 548-565.

[56] 王刚. 实施有效交通需求管理[M]. 北京:中国人民公安大学出版社,2004.

[57] 申金升,徐一飞,雷黎. 城市交通规划与可持续发展[J]. 经济地理,1998(1): 41-44.

[58] 陆化普. 城市土地利用与交通系统的一体化规划[J]. 清华大学学报(自然科学版),2006,46(9):1499-1504.

[59] 彭仲仁. 土地规划与交通规划的协调发展[J]. 北京规划建设,2005(3): 154-162.

[60] 郑猛. 城市土地使用与交通协调发展[J]. 现代城市研究,2010(1): 26-29.

[61] 陈永庆,范炳全,马晓旦. 地理信息系统(GIS)在土地利用与交通系统研究中的应用[J]. 上海理工大学学报,1998,20(1): 81-85.

[62] 赵延峰,陈艳艳,罗铭. 城市交通复合系统协调度模型研究[J]. 道路交通与安全,2006,6(4): 31-33,45.

[63] 孙爱军,吴钧,刘国光,等. 交通与城市化的耦合度分析——以江苏省为例[J]. 城市交通,2007,5(2): 42-46.

[64] 张冠兰. 城市土地利用与城市交通协调发展评价研究[D]. 天津:天津大学,2011.

[65] 杨励雅,邵春福. 城市交通与土地利用协调关系的数据包络分析模型[J]. 交通运输工程学报,2007,7(6): 107-112.

[66] HUNT J D. A description of the MEPLAN framework for land use and transport interaction modelling[M]. University of Calgary,1997.

[67] 罗铭,陈艳艳,刘小明. 交通-土地利用复合系统协调度模型研究[J]. 武汉理工大学学报(交通科学与工程版),2008,32(4): 585-588.

[68] 袁振洲,闫欣欣,张野,等. 带有偏好约束的控规单元用地与交通协调DEA模型[J]. 交通运输工程学报,2017,17(6): 86-96.

[69] 陆化普,王建伟. 基于交通效率的大城市合理土地利用形态研究[J]. 中国公路学报,2005,18(3): 109-113.

7 自主研发的广州市协调性研究系统

虽然存在较多的缺陷,但节点-场所模型相对完备的理论及广泛的应用表明其有较强的可取之处,可考虑结合其他理论方法加以修正,获得新的协调性模型,支撑更多国土空间规划应用场景。本章提出的"协调性"定义为国土空间利用与交通设施良性互动的程度,与供需比、可达性存在共同的目标——充分发挥交通设施的运能,以匹配基于国土空间利用产生的出行活动。

7.1 协调性研究模型

7.1.1 节点-场所模型在广州的测试

利用节点-场所模型中常用的节点(交通设施)价值因子和场所(空间利用)价值因子对广州市域进行试算和评价,测试结果如图7-1所示。其中,常用的节点价值因子包括公共交通线路数量、抵达站点频率、停车设施数量和快速路入口数量,常用的场所价值因子包括人口就业数量、商业或公共服务设施数量和用地混合度。

节点-场所模型在广州市域的测试中存在4个缺陷:①缺乏偏态分布预处理,大量散点集中在一侧边界;散点坐标存在负值,不易理解。②平衡范围的边界及内部分级均不明确。③没有考虑用地类型和交通设施的匹配。如工业用地开发在规划评价上更偏好公路与对外枢纽等交通设施,对公交设施和居民出行质量不敏感。但当公交设施充足时,使用具有特殊偏好的评价因子体系(如PTALs)或类似节点-场所模型的无权重综合评价方法,会得到工业用地开发已有大量配套交通设施支撑的错误判断。④缺少因子优化方法。当散点处于失衡状态时,无法给出优化失衡区域倾向投入资源的种类和量级。

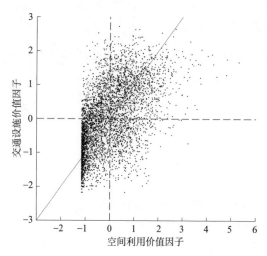

图 7-1　节点-场所模型在广州市域的测试结果

7.1.2　协调性评价模型构建思路

协调性评价模型构建既要消除节点-场所模型的 4 个缺陷,还要满足三大原则,即计算简单、表达直观、方便寻优。借鉴供需比分析易于理解的优点,应将繁杂的数据准备工作隐于后台,通过相应的技术方法将因子和指标量纲转化为一维。国土空间规划体系分为"五级三类",在各级或各类的规划中有不同的场景。在一些宏观、中观的场景中,仅需要了解空间利用和交通的综合发展程度及其是否处于失衡状态;而在微观场景,则需要进一步了解空间利用和交通两者之间的精确匹配程度及处于失衡状态时的应对措施。这两种情况分别对应 7.1.1 中前 2 种和后 2 种缺陷。为提升节点-场所模型作为协调性评价方法在国土空间规划中应用的适配性,本节构建协调性评价模型。协调性评价模型构建流程如图 7-2 所示。

考虑模型的适用性,在试算因子的基础上,强化两类因子(单一协调性和复合协调性,定义见本节 7.1.4),对因子库进行修正和扩充。因子库中的部分因子示例见表 7-1。其中,由于交通设施因子 $t_{10} \sim t_{13}$ 属于逆向因子,因子值越大,交通供给能力越差,进行协调性计算前需要对这些因子进行逆向处理,即 $t'_{im} = \sqrt{\max\limits_{i=1,2,\cdots,N} t_{im} + 1 - t_{im}}$,其中,$N$ 为研究范围内的评价单元数量;M 为评价因子的数量;l_{im} 和 t_{im} 分别为评价单元 i 的第 m 个空间利用价值因子和交通设施价值因子数值。虽然这些因子具有不同的单位和数量级,但协调性模型可以统筹计算区域的交通设施和用地开发综合规模并进行对比,方便国土空间规划体系中不同专业背景的规划师理解。

7 自主研发的广州市协调性研究系统

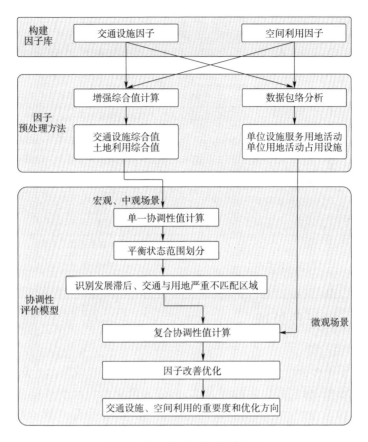

图 7-2 协调性评价模型构建流程

因子库中的部分因子示例　　表 7-1

因子类型	因子名称、符号和单位	
交通设施因子	公交规模因子	轨道站点覆盖面积占比 t_1(%)
		轨道线路接入数量 t_2(条)
		轨道线网密度 t_3(km/km^2)
		常规公交站点覆盖面积占比 t_4(%)
		常规公交线路接入数量 t_5(条)
		常规公交线网密度 t_6(km/km^2)
		常规公交站点密度 t_7(个/km^2)

续上表

因子类型		因子名称、符号和单位
交通设施因子	道路规模因子	高等级道路密度 t_8(km/km²)
		低等级道路密度 t_9(km/km²)
		个体交通方式到达大型交通枢纽的平均时间 t_{10}(min)
		公共交通方式到达大型交通枢纽的平均时间 t_{11}(min)
		个体交通方式到达城市中心的平均时间 t_{12}(min)
		公共交通方式到达城市中心的平均时间 t_{13}(min)
空间利用因子	社会经济因子	居住人口密度 l_1(万人/km²)
		就业岗位密度 l_2(万个/km²)
		兴趣点密度 l_3(个/km²)
	建筑开发因子	建设用地面积占比 l_4(%)
		容积率 l_5
		产业用地面积占比 l_6(%)

7.1.3 因子预处理

(1) 综合值计算

按照节点-场所模型的基本原理,需先对因子库中的两类因子进行标准化处理,消除量纲影响,分别得出两种综合值,再以评价单元为尺度对综合值进行标准化,最后计算协调性的具体数值。设评价单元 i 的第 m 个输入因子数值为 x_{im},输入因子的综合值为 C_i,$C_i = F(x_{im})$,具体流程如下:

①设研究范围内评价单元数量为 N,考虑的输入因子数量为 M,x_{im} 可组成因子向量 $W_m = \{x_{im} | i = 1,2,\cdots,N\}$。由于 W_m 通常呈偏态分布,引入 Box-Cox[①] 变换方法,消除偏态分布并统一因子量纲,使因子的分布特征更接近正态分布,计算方法如下:

$$x'_{im} = \frac{x_{im} - 1}{\alpha} \tag{7-1}$$

其中,x'_{im} 为 x_{im} 进行 Box-Cox 变换后得到的因子数值;α 为变换时使用的参数,通常根据 W_m 的分布从 0.1~2.0 中选取或通过最大化 x'_{im} 和 x_{im} 的 Pearson[②] 相关系

---

① Box-Cox 变换是一种常用的数据变换技术,用于使数据更接近正态分布,尤其是在处理具有偏态分布的非正态数据时。

② Pearson 相关系数,又称为皮尔逊积矩相关系数,是衡量两个变量之间线性相关性的统计量。它的值介于 -1 和 1 之间,用来衡量两个变量的关系强度和方向。

数获得。

②对 x'_{im} 进行最小值、最大值归一化,得到:

$$x''_{im} = \frac{x'_{im} - \min \mathbf{W_m}}{\max \mathbf{W_m} - \min \mathbf{W_m}} \quad (7-2)$$

其中,x''_{im} 为 x'_{im} 经过归一化后得到的因子数值。

③对 x''_{im} 进行求和,获得 $z_i = \sum_{m=1}^{M} x''_{im}$,并组成向量 $\mathbf{Z} = \{z_1, z_2, \cdots, z_N\}$。

④对 z_i 进行标准化,得到输入因子的综合值 C_i:

$$C_i = \frac{z_i - \mu(\mathbf{Z})}{\sigma(\mathbf{Z})} - \min \frac{\mathbf{Z} - \mu(\mathbf{Z})}{\sigma(\mathbf{Z})} \quad (7-3)$$

其中,μ 为均值函数;σ 为方差函数。

通过上述步骤,可分别计算评价单元 i 的空间利用因子综合值 $P_i = F(l_{im})$ 和交通设施系统因子综合值 $Q_i = F(t_{im})$,其中 l_{im} 和 t_{im} 分别为评价单元 i 的第 m 个空间利用和交通设施因子数值。$F(\cdot)$ 无须人工确定因子权重,结果客观性较强,可为协调性的具体数值计算做好准备。

上述流程示意图如图 7-3 所示。

(2) 投入产出效率计算

为弥补节点-场所模型的后两种缺陷,定量计算交通与空间利用两者间的精确协调程度,引入数据包络分析方法。将交通设施或空间利用视为"交通-空间"系统的输入或输出,通过衡量交通设施或空间利用的"性价比"程度,判断两者的匹配效率。

为避免投入的交通设施浪费或用地开发强度过大,用投入产出效率 E_i 反映单位交通设施服务用地活动或单位用地活动占用交通设施量,计算公式为:

$$E_i = \frac{\mathbf{V}_i^T \mathbf{Y}_i}{\mathbf{U}_i^T \mathbf{X}_i} = \frac{\sum_{k=1}^{K} v_{ik} y_{ik}}{\sum_{m=1}^{M} u_{im} x_{im}} \quad (7-4)$$

式(7-4)中,评价单元 i 的输入因子向量和输出因子向量分别为 $\mathbf{X}_i = \{x_{i1}, x_{i2}, \cdots, x_{iM}\}$ 和 $\mathbf{Y}_i = \{y_{i1}, y_{i2}, \cdots, y_{iK}\}$,两者对应的重要度向量分别为 $\mathbf{U}_i = \{u_{i1}, u_{i2}, \cdots, u_{iM}\}$ 和 $\mathbf{V}_i = \{v_{i1}, v_{i2}, \cdots, v_{iK}\}$;$y_{ik}$ 为评价单元 i 的第 k 个输出因子数值;K 为输出因子数量;u_{im}、v_{ik} 分别为 x_{im}、y_{ik} 的重要度。

不同评价单元具有不同的交通设施和空间利用因子 $\mathbf{X}_i$ 和 $\mathbf{Y}_i$,代表不同类型的交通设施和用地产业规模。规模 $\mathbf{X}_i$ 和 $\mathbf{Y}_i$ 的不同会导致 E_i 随 $\mathbf{U}_i$ 和 $\mathbf{V}_i$ 的变化模式不同。因此,使用某种特定偏好标准(固定的 $\mathbf{U}_i$ 和 $\mathbf{V}_i$)评价所有单元是不公平、不合理的。在不同 $\mathbf{U}_i$ 和 $\mathbf{V}_i$ 标准下,同一单元的 E_i 数值可能存在巨大差异,这是定量分析中应避免的情况。为规避这一问题,可使用 E_i 的理论最大值替代 E_i。这是因为每个评价单元都存在一种最优 U_i 和 V_i 组合,使得 E_i 最大化,最大值 $\hat{E}_i = \max E_i$ 只取决于 X_i 和 Y_i,不会受 U_i 和 V_i 的变化影响。评价单元间的投入产出效率通过 $\hat{E}_i$ 进行比较,例如,某个地块有大量物流仓储用地和港设施,通过最大化物流仓储用地和港口设施相关因子的权重,可以判断该地块交通和空间高度匹配,从而避免 7.1.1 提到的第 3 种缺陷中不同标准导致不同结果的问题。

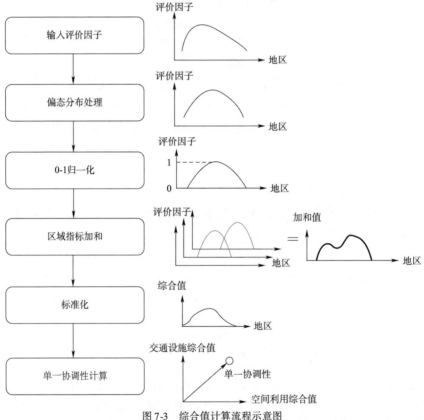

图 7-3 综合值计算流程示意图

求解 $\hat{E}_i$ 的常用方法为数据包络分析,是一种非参数统计分析方法,特别适用于具有多输入、多输出投入产出系统的相对有效性评价。该方法不需要预先给定评价因子的权重,避免传统评价方法中人为参数标定的主观臆测,大大提高了评价结果的精确度和客观性。数据包络分析方法能根据输入的因子,以投入与产出比最大为目标,求解评价因子的最适宜权重,作为评价模型的标定参数。与单一协调性研究模型类似,评价模型无须人工参与参数的标定过程。如图 7-4 所示,在确定因子数值不变的条件下,每个地区都存在一种最优标定参数(该地区在当前交通和国土空间利用的情况下,供给和需要完全匹配),使得投入产出效率 E_i 最大化。以该最大化投入产出效率 $\max E_i$ 代替 E_i 作为评价结果,即能在不同区域间客观比较评价结果,避免主观赋权和不同标准对评价结果的影响。

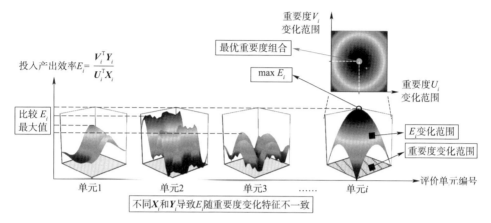

图 7-4 投入产出效率最大值替代投入产出效率

使用数据包络分析法求解 $\hat{E}_i$:

$$\hat{E}_i = \max E_i \tag{7-5}$$

$$\text{s.t.} \begin{cases} \dfrac{\sum\limits_{k=1}^{K} v_{ik} y_{rk}}{\sum\limits_{m=1}^{M} u_{im} x_{rm}} \leqslant 1 \quad (r=1,2,\cdots,N) \\ U_r \geqslant \varepsilon, V_r \geqslant \varepsilon \end{cases} \tag{7-6}$$

式(7-6)中,r 与 i 为评价单元编号;ε 为阿基米德无穷小量。使用 Charnes-Cooper 变换获得以下与式(7-5)、式(7-6)等价的线性规划形式,以减少求解难度:

$$\min \left[E_i - \varepsilon \left(\sum_{m=1}^{M} s_m^- + \sum_{k=1}^{K} s_k^+ \right) \right] \tag{7-7}$$

$$\text{s.t.} \begin{cases} \sum\limits_{r=1}^{N} x_{rm} \lambda_r + s_m^- = E_i x_{im} \quad (m=1,2,\cdots,M) \\ \sum\limits_{r=1}^{N} \lambda_r y_{rk} - s_k^+ = y_{ik} \quad (k=1,2,\cdots,K) \\ \lambda_r \geqslant 0, s_m^- , s_k^+ \geqslant 0 \end{cases} \tag{7-8}$$

式(7-7)和式(7-8)中,s_{im}^- 和 s_{ik}^+ 分别为输入因子的剩余变量和输出因子的亏空变量,表示评价单元 i 需要改善至最大值 $E_i = 1$ 时,输入因子和输出因子分别需要变化的具体数值;λ_r 为评价单元 i 和其他评价单元 r 的相关程度。

式(7-4)中,输入输出因子不同时,$\hat{E}_i$ 可能完全不同。为避免输入输出因子不同对结果产生影响,以空间利用因子、交通设施因子的任意一方作为输入、另一方作为输出时,可计算获得两种不同的投入产出效率:

① 设置 $x_{im} = l_{im}, y_{ik} = t_{ik}$,求解空间利用至交通设施投入产出效率 $\hat{E}_i^{LT}$(最大单位用地活动占用交通设施量)。评价单元内部越拥堵,交通设施越少,$\hat{E}_i^{LT}$ 则越少。

② 设置 $x_{im} = t_{im}, y_{ik} = l_{ik}$,求解交通设施至空间利用投入产出效率 $\hat{E}_i^{TL}$(最大单位交通设施服务用地活动)。评价单元内部出行次数越少,交通设施配置越多,$\hat{E}_i^{TL}$ 则越少。

当空间利用出行需求过高、交通设施不足时,如在拥挤的大型商圈内,$\hat{E}_i^{LT} < \hat{E}_i^{TL}$;当空间利用出行需求过低、交通设施过剩时,如在郊外客流量少的公交站点周边,$\hat{E}_i^{LT} > \hat{E}_i^{TL}$。

7.1.4 协调性评价方法

(1)单一协调性定义和评价

由于节点-场所模型缺乏参考原点,计算 P_i 和 Q_i 后得出的评价指标和图表都是二维的[即坐标(P_i, Q_i)组成的散点图],与一维指标相比难以理解。为了提高评价结果的直观性,将二维指标转化为一维指标。以没有用地开发和交通设施的评价单元作为基准,该基准评价单元的 P_i 和 Q_i 等于0,任意地区的散点(P_i, Q_i)与基准区的距离定义为单一协调性 D_i:

$$D_i = \sqrt{P_i^2 + Q_i^2} \qquad (7-9)$$

通过式(7-9),可将两种因子综合值转化为一维指标。

计算出 D_i 后,还需明确平衡状态和失衡状态范围的划分标准,并确定平衡状态的具体范围,具体步骤如下:

① 计算各个代表评价单元 i 散点距离对称线 $x - y = 0$ 的距离 δ_i:

$$\delta_i = \frac{|P_i - Q_i|}{D_i} \qquad (7-10)$$

② 计算所有评价单元 δ_i 的均值 $\mu(\delta)$ 和标准差 $\sigma(\delta)$。通过单一协调性处理使 P_i 和 Q_i 满足正态分布,因此 δ_i 也满足正态分布。根据 δ_i 的分布特征,约有95%的评价单元满足 $\delta_i \leq 2 \cdot \sigma(\delta)$,因此将 δ_i 的2倍标准差作为异常散点的筛选标准,筛选并标识异常散点代表的失衡状态评价单元。

划分平衡状态和失衡状态评价单元后,根据代表平衡状态评价单元的散点分布绘制几何包络图形,完成平衡状态范围的定量划分。除平衡状态和失衡状态范围的划分外,既有节点场所模型也缺乏平衡状态内部等级划分的定量方法。分级 D_i 的评价结果。根据设定期望的分级数量,使用自然间断点分级法对 D_i 进行阈值划分和分级。各评价单元可进一步获得不同的单一协调性等级。具体做法是将一个或多个评价单元从一个分组移到另一个分组,在不断调整的过程中,使各分组 D_i 与分组均值的平方差之和最小化,从而完成 D_i 分组和分级工作。

(2) 复合协调性定义和评价

复合协调性为交通设施与空间利用的匹配程度 θ_i,其表达式为:

$$\theta_i = \frac{\min\{\hat{E}_i^{LT}, \hat{E}_i^{TL}\}}{\max\{\hat{E}_i^{LT}, \hat{E}_i^{TL}\}} \tag{7-11}$$

求解 $\hat{E}_i^{LT}$ 和 $\hat{E}_i^{TL}$ 后,使用式(7-11)计算复合协调性 θ_i,即可避免输入输出因子不同造成的影响。与单一协调性一致,复合协调性 θ_i 也采用一维指标且具有最小值和最大值,直观易懂。$\hat{E}_i^{LT}$ 和 $\hat{E}_i^{TL}$ 越接近,θ_i 越大。只有在评价单元 i 内部既不存在使用人群拥挤也不存在设施浪费的情况下,才能实现 $\hat{E}_i^{LT} = \hat{E}_i^{TL}$,此时空间利用出行需求和交通设施供给能力基本匹配,θ_i 接近或达到最大值 1。当 $\hat{E}_i^{LT}$ 和 $\hat{E}_i^{TL}$ 相差较大时,θ_i 接近最小值 0,表示两者完全不匹配。

求解 $\hat{E}_i^{LT}$ 和 $\hat{E}_i^{TL}$ 的过程中,可以同时获得 $x_{im} = l_{im}$ 与 $y_{ik} = t_{ik}$ 下的交通设施因子亏空变量 $s_{LT,ik}^+$ 和空间利用因子剩余变量 $s_{LT,im}^-$;$x_{im} = t_{im}$ 与 $y_{ik} = l_{ik}$ 下的空间利用因子亏空变量 $s_{TL,ik}^+$ 和交通设施因子剩余向量 $s_{TL,im}^-$。复合协调性 θ_i 小于 1 的评价单元 i 进行改善优化时,根据 $\hat{E}_i^{LT}$ 和 $\hat{E}_i^{TL}$ 的相对大小,可利用式(7-12)、式(7-13)计算空间利用或交通设施因子的优化因子,获得改善评价单元所需资源的最高性价比组合,解决节点场所模型无失衡单元优化策略和建议的缺陷。

$$\begin{cases} \hat{l}_{ik} = l_{ik} + s_{TL,ik}^+ & (\hat{E}_i^{TL} < \hat{E}_i^{LT}) \\ \hat{l}_{im} = \hat{E}_{L,i} \cdot l_{im} - s_{LT,im}^- & (\hat{E}_i^{LT} < \hat{E}_i^{TL}) \end{cases} \tag{7-12}$$

$$\begin{cases} \hat{t}_{ik} = t_{ik} + s_{TL,ik}^+ & (\hat{E}_i^{LT} < \hat{E}_i^{TL}) \\ \hat{t}_{im} = \hat{E}_{T,i} \cdot t_{im} - s_{TL,im}^- & (\hat{E}_i^{TL} < \hat{E}_i^{LT}) \end{cases} \tag{7-13}$$

式(7-12)和式(7-13)中,$\hat{l}_{ik}$ 和 $\hat{l}_{im}$ 分别为评价单元 i 第 k 个和第 m 个空间利用因子优化值;$\hat{t}_{ik}$ 和 $\hat{t}_{im}$ 分别为评价单元 i 第 k 个和第 m 个交通设施因子优化值。

由单一协调性、复合协调性一起组成的协调性评价方法,系统解决了既有节点场所模型的4个缺陷。

(3) 评价结果分级

与单一协调性评价的要求一致,复合协调性研究的输出指标也需要进行分级。式(7-11)表明,$\hat{E}_i^{LT}$ 和 $\hat{E}_i^{TL}$ 越接近,θ_i 越大,说明国土空间利用出行活动需求与交通服务水平匹配程度越高。当 $\hat{E}_i^{LT} = \hat{E}_i^{TL}$ 时,θ_i 达到最大值1,表示两者完全匹配,当 $\hat{E}_i^{LT}$ 和 $\hat{E}_i^{TL}$ 一方为1,另一方接近0时,θ_i 接近最小值0,表示两者完全不匹配。值得注意的是,$\hat{E}_i^{LT}$ 和 $\hat{E}_i^{TL}$ 相等时,很大概率满足 $\hat{E}_i^{LT} = \hat{E}_i^{TL} = 1$,即无论国土空间利用和交通因子任何一方作为输入的生产要素,区域的投入产出效率均能达到最大值,此时国土空间利用和交通完全匹配。

如图7-5所示,复合协调性评价模型的计算结果主要从以下两个维度进行分析:

①复合协调性。根据两种投入产出效率可以判断地区是交通供给过大还是出行需求过大,复合协调性根据两种效率计算获得。

②评价因子重要度。评价因子重要度通过数据包络分析法获得,直接表示交通或国土空间利用因子在两者互动关系中的重要程度。

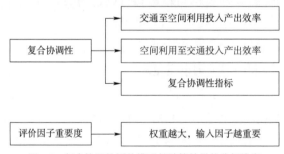

图7-5 复合协调性评价模型的计算结果的分析维度

复合协调性分级标准,见表7-2。值得注意的是,满足 $\theta_i = 1$ 的区域数量较少,因此对于满足 $\theta_i \geq 0.9$ 的区域,也可认为达到完全匹配状态。

复合协调性分级标准 表7-2

复合协调性	未开发	严重失调	中度失调	轻度失调	濒临失调
θ_i	$0 \leq \theta_i < 0.1$	$0.1 \leq \theta_i < 0.2$	$0.2 \leq \theta_i < 0.3$	$0.3 \leq \theta_i < 0.4$	$0.4 \leq \theta_i \leq 0.5$
复合协调性	基本匹配	初级匹配	中级匹配	良好匹配	完全匹配
θ_i	$0.5 \leq \theta_i < 0.6$	$0.6 \leq \theta_i < 0.7$	$0.7 \leq \theta_i < 0.8$	$0.8 \leq \theta_i < 0.9$	$0.9 \leq \theta_i \leq 1.0$

7.2 广州市协调性研究系统构建与校验

7.2.1 系统构建

根据图 7-6 所示的基本流程,选用表 7-1 所列的输入因子,根据选用因子收集所需要的基础数据,再根据输入的因子数值按需求分别计算单一协调性和复合协调性,并进行等级划分。

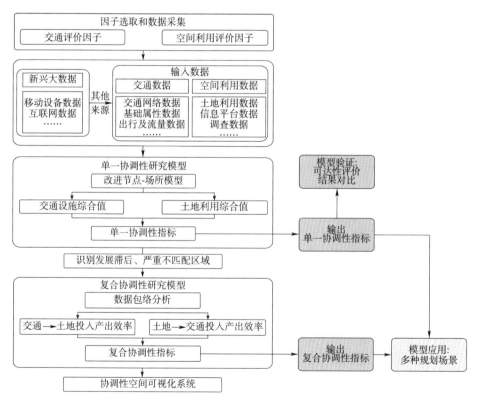

图 7-6 广州市协调性研究系统构建基本流程

7.2.2 系统校验

系统在应用前,必须进行相应的校验。以广州市为例,将单一协调性的评价结果和已广泛使用的PTALs方法及城市的现状特征进行对比,对比结果证明协调性方法评估具有科学性和合理性。

(1)与PTALs方法评价结果对比

将城市划分为8个等级的地区,地区分布与交通设施分布和用地开发强度高度相关。基于单一协调性分值,利用自然间断点分级法可将各小区分为8个等级,将1~2级的地区归入低发展地区,3~6级归入中发展地区,7~8级归入高发展地区。将PTALs最低的两个级别(1a级和1b级)、单一协调性最低的两个级别(1级和2级)移出城镇开发边界,发现两者保留的区域具有相似形状和分布,推荐的开发范围集中在城市近郊以内和部分轨道沿线远郊区域。与PTALs评价结果对比,单一协调性和可达性变化趋势保持相似,但高、低发展的地区划分界限更加清晰,可更好地辅助城镇开发边界划定(图7-7)。

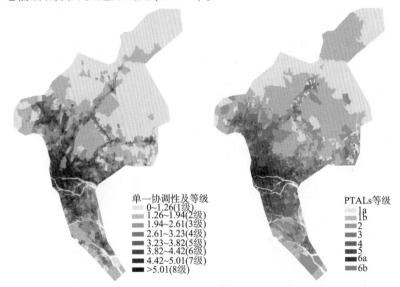

图7-7 广州市各交通小区单一协调性与PTALs结果对比(局部)

(2)与城市现状特征对比

在广州市分别选取位于中央商务区的珠江新城片区、位于副中心枢纽的南沙客运港片区和位于远郊城区的从化老城片区进行测算,结果如图7-8所示。珠江新城片区所覆盖的大部分地区等级较高,且均聚集在对称线附近,说明该片区的用地开发进程和交通设施装备水平位于市域前列,只有个别地区处于临界失衡状态;作为副中心枢纽的南沙客运港片区,覆盖的大部分区域距离原点较近,等级位于市域中等水平,个别地区对应的散点远离对称线,说明整体片区综合开发规模不足,但交通设施和用地开发错配的问题并不严重;作为远郊城区的从化老城片区,覆盖的大部分区域距离原点最近,等级位于市域最低水平,交通设施与用地开发基本匹配。3个片区的评价结果与现状特征基本一致。

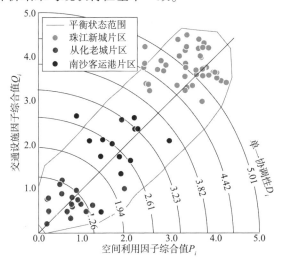

图 7-8 彩图

图 7-8 3 个示例片区的综合值散点分布图

7.3 研究系统在广州市国土空间规划中的探索

7.3.1 宏、中观层面

利用单一协调性方法对广州全市域 3989 个交通小区进行评价,结果如图 7-9 所示。其中,按照两倍标准差原则对所有交通小区进行筛选后,3809 个交通小区处于平衡范围内,占评价单元总量的 95.5%,与两倍标准差期望基本一致,说明广州各交通小区的发展规模服从正态分布,大部分交通小区处于用地和交通相对平衡的状态。绘制完整平衡包络区域后,发现区域外的不平衡单元共有 180 个,占所有评价单元的 4.5%,此类小区与对称线距离较远,集中在 3~6 级范围,处于交通设施过剩或出行活动拥挤状态。

进入存量发展时代,更需要关注交通设施过剩的区域。此类区域按照规划要求,先行完成基础产业的导入和公共服务设施的建设,为城镇开发和功能完善提供基础。但由于人口增量不足、开发进程落后等原因,设施周边用地开发一直落后于规划,导致设施持续过剩。相较于出行活动拥挤、设施不足区域,设施过剩区域更难改善和调整,前者只需进行合理疏解,无须大幅调整区域基础功能、产业和定位;后者则需要投入大量资源,完善区域功能、增加就业导入。在高质量发展阶段,规划初期或城市体检更需要关注设施过剩问题。

图 7-9 彩图

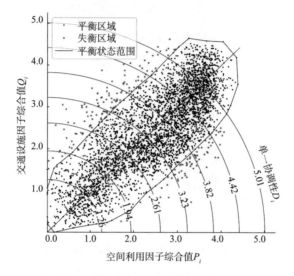

图 7-9 各交通小区的综合值散点分布图

7.3.2 微观层面

单一协调性评价方法中的各输入因子的权重一致。在微观层面,由于评价结果存在偏差可能,该方法难以判断细微程度的不匹配问题,也无法根据小区的失衡状态,针对性地提出相应的优化方案。对于城市更新等特定场景,可使用复合协调性评价方法在微观层面上辅助评估和优化,获取评价单元预期开发进程和产业设施平衡程度,给出定量改善调整方案。

以广州市 JS 村的更新单元为例,根据规划时期更新单元范围、用地类型和规划交通设施,计算更新单元及周边地区的单一和复合协调性。如图 7-10 所示,JS 村更新单元及周边地区单一协调性等级较高。进一步计算复合协调性,如图 7-11 所示,大片地区复合协调性较低,说明尽管 JS 村的交通设施和用地开发处于市域领先水平,但产业与设施之间存在不匹配问题。JS 村南部区域包括大量居住用地、工业用地和少量商业商务用地,可容纳大量居住人口和就业岗位,但交通设施仅有少量支路和四周主干路,严重不足。

7 自主研发的广州市协调性研究系统

图 7-10 JS 村更新单元及周边地区单一协调性分布

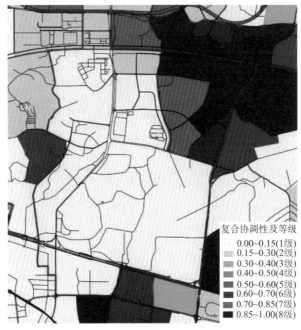

图 7-11 JS 村更新单元及周边地区复合协调性分布

在城市更新背景下，更新单元内用地资源紧缺，为交通设施增加了建设困难，无论是现状还是规划时期，更新单元内产生的出行活动主要由既有交通设施和少量新增设施疏散和承担。在交通设施规模变化受到限制的条件下，对区域进行平衡状态优化时，复合协调性优化方法将优化方向集中在空间利用因子上。如图 7-12 所示，以居住人口密度为例，在交通设施尽可能少变动的情况下，复合协调性优化方法通过下调更新单元南部的人口密度，尽可能让用地开发适配有限的交通设施。

图 7-12 彩图

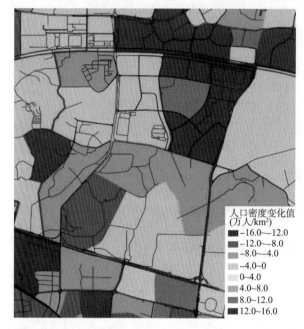

图 7-12　JS 村更新单元及周边地区人口密度变化值

本章参考文献

[1] 韩玲,姚红云.城市交通与土地利用互动关系研究综述[J].重庆交通大学学报(自然科学版),2012,31(S1):589-593,664.

[2] BERTOLINI L. Spatial development patterns and public transport: the application of an analytical model in the Netherlands[J]. Planning Practice and Research, 1999,14(2):199-210.

[3] 李廷智,杨晓梦,赵星烁,等.高速铁路对城市和区域空间发展影响研究综述[J].城市发展研究,2013,20(2):71-79.

[4] BOX G E,COX D R. An analysis of transformations[J]. Journal of the Royal Statistical Society: Series B (Methodological),1964,26(2):211-243.

[5] REUSSER D E,LOUKOPOULOS P,STAUFFACHER M,et al. Classifying railway stations for sustainable transitions-balancing node and place functions[J]. Journal of Transport Geography,2008,16(3):191-202.

[6] BOUSSOFIANE A,DYSON R G,THANASSOULIS E. Applied data envelopment analysis[J]. European Journal of Operational Research,1991,52(1):1-15.

[7] CHARNES A,COOPER W W,RHODES E. Measuring the efficiency of decision making units[J]. European Journal of Operational Research,1978,2(6):429-444.

[8] CHARNES A,COOPER W,LEWIN A Y,et al. Data envelopment analysis theory, methodology and applications[J]. Journal of the Operational Research Society, 1997,48(3):332-333.

8 城市交通与国土空间利用互动评价平台

规划师和决策者都希望实现规划评估的实时计算和展示,供需比、可达性、协调性从输入因子到输出指标整个流程均可量化,可以将对应的计算方法封装为计算机程序,实现以沉浸式、交互式的方式进行规划、决策。运用大数据技术采集输入因子需要的城市交通与国土空间利用数据,通过计算机对数据进行处理和分析,使用网页渲染技术等对输出指标进行展示,利用数据库将输入因子和输出指标进行储存和调用,帮助用户快速地在不同的规划场景做出决策。

8.1 技术理论基础

当前,以网页为前端、以数据储存和计算分析为后端的相关系统构建技术已经成熟,在基础理论完善、算法流程固定的背景下,系统的构建并不存在特别大的挑战,难点主要集中在框架和模块设计上。相关的开发技术主要包括四大部分,即数据采集和数据库技术、后端开发技术、可视化与地图处理技术和前端开发技术,分别负责数据的收集与储存、计算分析、地图整合与处理和网页实时展示。

8.1.1 数据采集和数据库技术

(1) 网络机器人

网络机器人是能够实现对互联网网页信息自动提取的程序。通用网络机器人从一个或若干个初始网页的统一资源定位系统(Uniform Resource Locator, URL)开始,获得初始网页上的 URL 列表;在抓取网页的过程中,不断从当前页面抽取新的 URL 放入待抓取队列,直到满足系统的停止条件。

网络机器人的种类很多。根据机器人的部署方式不同可分为客户端机器人和服务器机器人。客户端机器人是一种在客户端(通常是用户的计算机或移动设备)运行的自动化程序,广泛应用于许多领域,包括网页自动化测试、数据抓取、自动化操作等,通常运行在单线程模式下。网络机器人是基于多线程任务的,可运行多个机器人任务同时进行抓取工作,适合比较专业的搜索引擎。由于抓取速度快,对目标 URL 服务器进行频繁访问,因此网络机器人很可能会遭到反机器人技术的封杀。由于数据量较大,网络机器人对网络带宽和响应延迟的要求较高。

网络机器人的基本工作流程如下:

①选定初始 URL 集合,作为网络机器人抓取入口。

②将选取的 URL 集合存入待抓取 URL 数据库。

③读取 URL 数据库中的初始 URL,建立抓取队列。

④根据抓取队列的顺序进行 URL 访问,获取网页信息。

⑤更新待抓取 URL 数据库,将抓取到的网页存储到已抓取 URL 数据库中或文件中。

⑥根据设定的优先抓取策略,重复步骤 3 ~ 步骤 5,完成全部抓取任务。

系统的机器人模块按照功能划分为爬虫(crawler)和查询者(searcher)两部分。爬虫的主要功能是从互联网上进行网页抓取,之后为抓取到的网页建立索引。查询者的功能是通过索引,为用户提供关键词查找功能。爬虫和查询者是通过索引作为接口来进行结合的。

(2) 中文分词

网络机器人仅仅能够完成对互联网网页的抓取任务,抓取的网页内容以文本为主。在获得了大量的文本信息之后,用户只能通过关键词进行检索,如果想要获取其中的隐含价值,首先需要对比对文本进行分词。在英文的语法规则中,每个单词都是通过空格来进行分隔的。中文中,词组由单个汉字组成,每个单词都具有明显的原子性(atomicity),这使得对比对中文进行分词变得十分困难。例如,"搜索引擎"可分解成"搜索"和"引擎"两个词,也可分解成"搜""索引"和"擎",第二种分解方法曲解了本意,需要针对中文设计专门的中文分词技术才能实现准确的中文分词。人们可根据句子的语意进行分词,但是机器人不够智能,不能完成这项工作。针对如何能够让机器人更加智能地按照人类的方式进行分词,研究者们提出了很多分词算法,主要有以下两大类:

①基于匹配的分词算法。首先需要建立一个词库,然后将需要分词的中文与词库中的词组进行匹配。这种方法比较机械,需要建立足够全面的中文词库才能保证分词的准确,而且根据业务的需要,往往要建立基于行业或领域的词库,如计

算机、金融、医学领域等都有一些特定的名词。词库的建立针对不同领域应该有所侧重。同时,要解决效率的问题,需要设计高效的算法,把分词目标和词库中的词组——匹配。

②基于理解的分词算法:通过计算机模拟人类对句子的理解,使计算机在理解语意的前提下进行分词。在分词的同时进行句法、语义分析,利用句法和语义信息来处理歧义问题,实现对词语的识别。该算法通常包括3个部分:分词子系统、句法语义子系统、总控部分。在总控部分的协调下,分词子系统可获得有关词、句子等的句法和语义信息来识别分词,模拟人对句子的理解过程。该算法需要使用大量的语言知识和信息。由于中文的笼统性、复杂性,该算法难以将各种语言信息组织成机器可直接读取的形式。目前基于理解的分词系统还处在试验阶段。

(3) 数据库

PostgreSQL 是一种功能非常齐全的数据库系统,支持大部分的 SQL 标准并且提供了很多其他功能,如复杂查询、外键、触发器、视图、事务完整性、多版本并发控制等。同样,PostgreSQL 也可以用许多方法扩展,如增加新的数据类型、函数、操作符、聚集函数、索引方法、过程语言等。另外,因为许可证的灵活,任何人都可以免费使用、修改和分发。

PostgreSQL 也是一个功能强大且开源的对象关系型数据库管理系统,使用 SQL 语言扩展了许多语法特性,以支持更复杂的数据负载,可以在大多数操作系统上运行。自 2001 年起,PostgreSQL 兼容事务的 ACID 属性,即原子性(atomicity)、一致性(consistency)、隔离性(isolation)和持久性(durability),这些属性共同确保了数据库系统在处理事务时的可靠性和一致性。PostgreSQL 拥有一系列强大的插件,如空间数据库扩展插件 PostGIS,外部数据表访问插件 postgres_fdw、oracle_fdw 等。

PostgreSQL 进程体系架构如图 8-1 所示。PostgreSQL 采用多进程架构,主进程叫作 Postmaster(其程序名叫作 postgres)。当接受新的客户端连接请求后,Postmaster 会创建一个新的 postgres 服务进程,并让该服务进程专门服务新的客户端连接,直到该连接关闭为止。除 postgres 服务进程外,Postmaster 在启动过程中还会启动一组后台管理维护进程,包括后台写入进程(bgWriter)、预写日志写入进程(WAL Writer)、检查点进程(Checkpointer)、自动清理进程(Auto Vaccum)等进程,实现刷写错误、记录 WAL 日志、空间回收等功能。

8.1.2 后端开发技术

Flask 是一个轻量级的 WSGI Web 应用程序框架,包含两大核心模块,即

Werkzeug(路由模块)和Jinja2(模板引擎)。Flask具有轻巧、简洁以及扩展性强的特性,已成为极受欢迎的Python Web应用框架。Flask有很强的定制性,可以根据不同需求来添加相应的功能,在保持核心功能简单的同时实现功能的丰富与扩展,其强大的插件库可以实现个性化的网站定制,开发出功能强大的网站。Flask还有良好的文档、丰富的插件、包含开发服务器和调试器(debugger)、集成支持单元测试、RESTful请求调度、支持安全cookies、基于Unicode等特点。Flask的基本模式是在程序里将一个视图函数分配给一个URL,每当用户访问这个URL时,系统就会执行给该URL分配好的视图函数,获取函数的返回值并将其显示到浏览器上。客户端与服务端应用交互过程如图8-2所示。

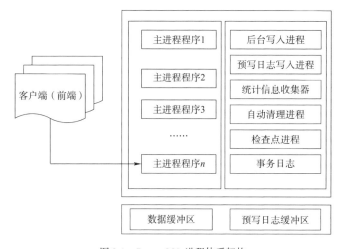

图8-1 PostgreSQL进程体系架构

图8-2 客户端与服务端应用交互过程

运维自动化的目的是提高运维效率,而Flask开发快捷的特点正好符合运维的高效性和个性化需求。在项目迭代开发的过程中,所需要实现的运维功能以及扩展逐渐增多,需要使用易扩展的Flask框架。每个公司对运维的需求不同,所要实现的功能需要针对性设计。

目前,我国市场上大部分智能交通控制系统采用的都是 C/S 模式[①],对终端要求较高,且安装烦琐。也有部分系统采用基于 B/S 模式[②]的传统框架,但这些框架的一些功能大多是固定的,缺乏灵活性。Flask 是基于 Python 开发的框架,类似的框架还有 Django、Tornado 等。选择 Flask 做服务器后台进行开发的原因如下:

(1)灵活、轻便且高效的特点被业界认可,同时拥有基于 Werkzeug、Jinja2 等一些开源库,拥有内置服务器和单元测试,适配 RESTful,支持安全的 cookies,而且官方文档完整,便于学习掌握。

(2)拥有灵活的 Jinja2 模板引擎,提高了前端代码的复用率,进而提高开发效率和有利于后期开发与维护。在现有标准中,Flask 是微小型框架。Flask 路由、调试和 Web 服务器网关接口(Web Server Gateway Interface,WSGI)子系统由 Werkzeug 提供;模板系统由 Jinja2 提供。Werkzeug 和 Jinja2 都是由 Flask 的核心开发者开发而成的。对于数据库访问、验证 Web 表单和用户身份认证等一系列功能,Flask 框架是不支持的。这些功能都是以扩展组件的方式实现的,然后与 Flask 框架集成。开发者可以根据项目的需求进行相应的扩展,或者自行开发。

(3)统一整个系统开发语言,便于开发和后期维护。

8.1.3 可视化和地图处理技术

(1)可视化定义辨析

可视化在使用自动分析挖掘方法的同时,利用支持信息可视化的用户界面以及支持分析过程的人机交互方式与技术,有效融合计算机的计算能力和人的认知能力,获得对大规模数据的洞察。可视化技术涉及传统的科学可视化和信息可视化,以掘取信息和洞悉知识作为目标。信息可视化技术将在大数据可视化中扮演更为重要的角色。

可视化分析需要有效的数据管理方法。人们利用各种技术分析数据,用形象直观的方式展示结果,能够快速发现数据中蕴含的规律特征。可视化分析关注人类感知与用户交互的问题,通常应用高性能计算机群、处理数据存储与管理的高性能数据库组件及云端服务器和提供人机交互界面的桌面计算机。

考虑数据规模和提高视觉感知,可视化算法需要引入创新的视觉表现方法和

---

① C/S 模式指的是客户端/服务器模式(client/server architecture),是一种网络架构。在这种架构中,客户端和服务器分别承担不同的任务和角色。

② B/S 模式指的是浏览器/服务器模式(browser/server architecture),是一种基于 Web 的网络架构。其客户端是一个 Web 浏览器。用户通过浏览器与服务器进行交互。

用户交互手段,必须有机结合用户的偏好,确保用户拥有好的体验。

(2)可视化流程

可视化不仅是一门包含各种算法的技术,还是具有方法论的学科,在实际应用中需要采用系统化的思维来设计数据可视化。出现较早的可视化流程是早期的可视化流水线,描述了从数据空间到可视空间的映射,包含串行处理数据的各个阶段:数据分析、数据过滤、数据的可视化映射和绘制,实际上是数据处理和图形绘制的嵌套组合,如图8-3所示。

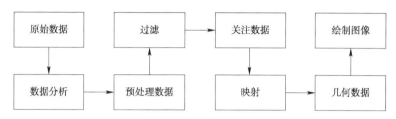

图8-3 早期可视化系统流水线

卡德(Card)、麦金利(Mackinlay)、施奈德曼(Shneiderman)等提出了信息可视化流程模型:将流水线改成回路且用户交互可出现在流程的任何阶段。随后几乎所有著名的可视化系统和工具都支持这个模型,杰克·范·维克(Jark van Wijk)等提出的数据可视化循环模型如图8-4所示。

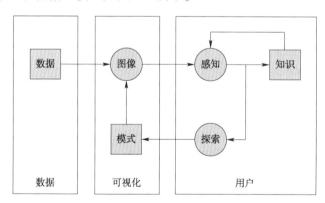

图8-4 数据可视化循环模型

丹尼尔·凯姆(Danial Keim)等提出了可视分析学的基本流程,通过人机交互将自动化和可视分析方法紧密结合。图8-5展示了一个典型的可视分析学标准流程和每个步骤中的过程。用户既可以对可视化结果进行交互的修正,也可以调节参数修正模型。

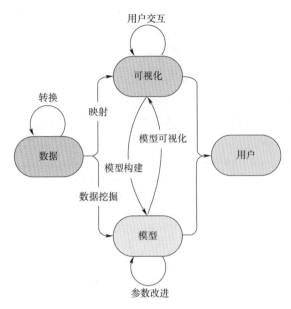

图 8-5 可视分析学标准流程

在任何一种可视化或可视分析流水线中,人都是核心要素。一方面,计算机的效率较人更高,可部分代替人所承担的工作;另一方面,人才是最终的决策者,是知识的加工者和使用者,因此可视化分析的目标是增强人的能力,而不是用计算机完全代替人的作用。如果直接设计一个全自动的方案,不通过人的判断,可视化就失去了意义。可视化流程的核心要素包括以下3个方面:

①数据表示与变换。有效地表示海量数据的主要挑战在于采用具有可伸缩性和扩展性的方法,以便真实地保持数据的特性和内容。此外,将不同类型、不同来源的信息合成一个统一的数据表述,使数据分析人员能及时聚焦于数据的本质。

②数据的可视化呈现。大量数据采集通常是以流的形式实时获取的,针对静态数据发展起来的可视化显示方法不能直接拓展到动态数据。这不仅要求可视化结果有一定的时间连贯性,还要求可视化方法具有高效性,以便给出实时反馈。因此,数据的可视化呈现不仅需要研究新的算法,还需要更强大的计算系统(如云计算、分布式系统)、显示系统和交互模式。

③用户交互。数据可视化可用于从数据中探索新的假设,也可证实相关假设是否与数据吻合,还可帮助数据专家向公众展示其中的信息。关于人机交互的探索已经持续了很长时间,但智能、适用于海量数据可视化的交互技术还是一个未解的难题。

数据可视化的设计简化为 4 个层次(图 8-6)。最外层是问题刻画层,刻画真实用户的问题。第二层是抽象层,将特定领域的任务和数据映射成抽象且通用的任务及数据类型。第三层是编码层,设计与数据类型相关的视觉编码及交互方法。第四层是实现层。各层是嵌套的,上层的输出是下层的输入。分层的优点在于无论各层次以何种顺序执行,都可以独立地分析每个层次是否已准确处理。将可视化设计的层次嵌套模型应用于实际的数据可视化系统设计,需要考虑各个层次面临的潜在风险和对风险的评价方法。

图 8-6 数据可视化层次框架示意图

(3)可视化基本图表

最常用的数据可视化表现形式是统计图表,很多基于大数据的复杂可视化系统依然把统计图表作为基本的可视化元素。基本的可视化图表包括柱状图(bar chart)、直方图(histogram)、饼图(pie chart)、散点图(scatter plot)、折线图(line chart)等。根据需求选择可视化图表的规则如图 8-7 所示。

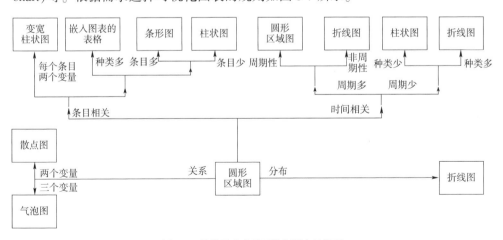

图 8-7 根据需求选择可视化图表的规则

①柱状图用长方形的长度来表示变量的大小,用长方形的颜色和形状表示数据的属性;增强版的柱状图(也称堆叠图),在柱状图内部使用颜色进行编码,以表示更多的维度。

②直方图对数据集的某个数据属性的频率统计。对于单变量数据,其取值范围映射到横轴,并分割为多个子区间,每个子区间用一个长方形块表示,高度与属于该属性值子区间的数据点个数成正比。直方图可呈现出离群值和数据分布情况。柱状图和直方图的主要区别在于:柱状图各部分之和没有限制,而直方图各部分之和等于单位整体。

③饼图用环状方式呈现各分量在整体中的比例,是环状树图、玫瑰图等可视化表达的基础。

④散点图主要用来表示二维数据。在散点图中,所有数据以点的形式出现在笛卡尔坐标系中,每个点所对应的横纵坐标代表该数据在坐标轴表示的维度上的属性值大小。散点图矩阵是散点图的高位扩展,一般用来展示高维数据属性分布。

⑤折线图用于表示随时间或类别变化的连续数据,一般用来分析数据的变化趋势。折线图中一般用横轴来表示时间或类别,用纵轴来表示数据值。

(4)国土空间规划背景下的可视化

基于国土空间规划的可视化技术结合了传统的科学可视化、信息可视化及数据分析与挖掘技术,并呈现不同输出指标的评价结果。与传统可视化的基本图形类型不同,国土空间规划背景下的评价结果需要结合实际的地理空间地图进行呈现,在基础数据附着至地理空间地图之后,再进一步地应用传统可视化基本图形进行基础数据或不同输出指标间的比较。除了传统可视化基本图形外,互动评价系统还需要结合地理信息系统的主要功能和模块进行仿真或展示。

(5)基于应用程序编程接口的在线地图服务技术

随着互联网技术的发展,出现了越来越多的地图应用产品。国内比较典型的有百度地图、高德地图等,国外有 Mapbox 地图、谷歌地图等。各个公司的产品都提供了地图服务应用程序编程接口(Application Programming Interface,API),开发者可根据自己的需求自定义在线地图服务功能,从而丰富 Web 地图的可视化功能。

百度地图的特点在于服务资源丰富、信息较全,且与国内许多推广公司有合作关系。随着社交平台的普及,其基于位置服务(Location Based Services,LBS)的地图应用也逐渐发展起来,尤其是街景地图的应用。高德地图初期主要业务为导航服务,且拥有国内首个导航电子地图甲级测绘资质和互联网地图服务甲级测绘资质,在城市道路交通上具有独特优势,路网更新速度较快,信息较全。Mapbox 地图为多个公司的网站提供在线地图订制服务,可靠性极佳且用户可免费使用,加载速度较快。谷歌地图的卫星地图更新速度较快。4 类地图平台特点比较见表 8-1。

4 类地图平台特点比较　　　　　　表 8-1

地图平台	百度地图	高德地图	Mapbox 地图	谷歌地图
所属公司	百度	高德	Mapbox	Google
所属国家	中国	中国	美国	美国
地图数据	中国地图	中国地图	世界地图	世界地图
信息数据	全面	全面	一般	一般
兼容性	各种主流浏览器	各种主流浏览器	各种主流浏览器	W3C 标准浏览器
路网更新	较快	最快	一般	一般
卫星地图更新速度	一般	一般	一般	较快
街景地图	支持	支持	不支持	支持

由于系统需要展示广州市城市道路中的主次干道、行政区划、水文地形等基础数据,对于城市地图数据具有严格要求,因此本平台的在线地图服务默认采用 Mapbox 地图的 API 接口,但 API 选用十分灵活,可根据用户需求自行切换。开发人员通过 HTTP 接口使用 Mapbox 的 API 接口提供各种类型服务,提交需求并返回 JSON 和 XML 格式,呈现地图信息。Web 系统使用 Mapbox 的 API 接口方法如图 8-8 所示。

(6)基于 ArcGIS 的地图展示技术

ArcGIS API for JavaScript 是美国环境系统研究所公司(ESRI)根据 JavaScript 技术实现的调用 ArcGIS Server REST API 接口或网络上的 Shapefile 资源开发包。通过 ArcGIS API for JavaScript,可以将 Shapefile 文件提供的地图资源嵌入网络应用。ArcGIS API for JavaScript 开发的应用系统可以部署到 Web 应用服务器上,供用户通过浏览器或移动端访问。用户操作 Web

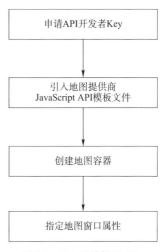

图 8-8　Web 系统使用 API 接口方法

应用或移动应用时，ArcGIS API for JavaScript 会监控用户的操作行为，并相应地将用户的操作按照 ArcGIS API for JavaScript 提供的 API 格式转化为 HTTP 请求，设置请求的地址、参数并提交给 ArcGIS API for JavaScript。ArcGIS Server 接收到请求后，调用数据进行处理，将结果以 JSON 的格式返回到 ArcGIS API for JavaScript，然后 ArcGIS API for JavaScript 对结果进行解析，并通过 API 进行可视化展现，最后返回到应用程序。ArcGIS API for JavaScript 运行流程如图 8-9 所示。

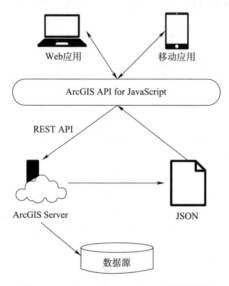

图 8-9　ArcGIS API for JavaScript 运行流程

8.1.4　前端开发技术

（1）HTML

HTML 全称为"Hyper Text Markup Language"（超文本标记语言），是一种标记语言，包括一系列标签（如 < div > </div > < a > </a >）等，标签包裹需要在网页上显示的内容，包括文字、图片、视频、音频、链接、表格等。20 世纪 90 年代，HTML 被发明出来，主要是将需要呈现的信息在浏览器上能被用户看到，也就是现在的网页。HTML 一直是互联网的标准语言，通过一系列标签将媒体信息以用户易读的方式显示出来。HTML 定义了一个页面内容的整体结构与框架，将需要在网页上显示的内容进行排版与标记。HTML 应用最广泛的就是超文本链接，在运行超文本时有统一的规则和标准，通过鼠标点击从一个页面获取资源，跳转到另一个资源的文本链接，为人们查找、检索信息提供方便，因此被广泛应用。

(2) CSS

CSS 全称为"Cascading Style Sheets"(层叠样式表),是用来呈现网页效果、美化网页的语言。CSS 用来规定需要在浏览器呈现的元素颜色、大小、位置等效果是如何渲染的,能够对网页中文字的大小、颜色进行设置,设置网页中的元素是如何排列的,还可以在网页上绘制一些动画效果等。CSS 样式可以以文件的形式直接存储,也可以存储于 HTML,最终应用到指定元素上。CSS 通用样式会被具体设置的样式覆盖,执行的先后顺序通常是内联样式、内部样式、外部样式,从而实现联级效果。CSS3 是 CSS 的改进与提升版本,CSS3 在原来的版本上新增了许多新特点,如 flex 布局、边框显示效果、背景颜色新增透明度、边框阴影等。与 CSS 相比,CSS3 减少了开发成本与维护成本,针对页面呈现效果进行设置与更改,对单一乏味的网页进行美化,提高了页面的性能。

(3) JavaScript

JavaScript(简称 JS),是一种轻量级、解释性编程语言,最初是布兰登・艾奇(Brendan Eich)设计与开发的。网景公司希望 HTML 能够有一些动态效果而不是单一的静态页面,又想解决页面速度问题,使客户浏览网页更加流畅。于是,布兰登・艾奇参考了 JAVA、C 等诸多编程语言,设计了 JS。网景公司希望其与 Java 语言相似,于是借用了 Java 的名字,取名 JavaScript,但其实与 Java 完全不同。JS 是一种解释性脚本语言,在运行时不需要代码预编译,可以实现即时编译,被广泛应用于 Web 页面,也成为 Web 页面的重要组成部分。JS 由欧洲计算机制造商协会(European Computer Manufacturers Association,ECMA)组织制定了自己的语言标准,称为 ECMAScript(简称 ES),并逐渐成为全球标准。ES 不断发展,至今已经发布了第 6 版,简称 ES6。ES6 增加了许多新特性,对 JS 进行改进与提升,弥补了设计时的一些缺陷与不足。一个完整的 JS 程序由 ES、DOM、BOM 3 个部分组成。ES 是整个 JS 的核心,规范了 JS 的基本语法。DOM 是 Document Object Model 的缩写,即文档对象模型,可对整个 HTML 文档进行访问,生成 DOM 树,通过访问树的节点对文档内容进行查询并操作。BOM 是 Browser Object Model,即浏览器对象模型,可以与浏览器进行互动。针对浏览器的操作都可以使用 BOM 的方式进行编译处理。BOM 对象包含 Window(窗口)、Navigator(浏览器程序)、Screen(屏幕)等。

JS 的应用范围与场合很广泛,从简单的文字或图片的排版、效果、布局等,到复杂的游戏、2D/3D 动画、数据库驱动等。JS 的特点是简洁灵活,提供了浏览器 API 相关功能,还有许多基于 JS 编写的优秀框架,如 vue.js、react.js、node.js 等。JS 是基于对象的脚本语言,其简单、具有动态性、跨平台性的特点被许多开发人员所青睐。但由于 JS 是仅用 10 天左右的时间设计出来的，设计周期短，并没有考虑到后来的维护性，遗留了很多问题，但 JS 也在不断进行规范与改进。

(4) jQuery 库

jQuery 库是由约翰·雷西格(John Resig)在 2006 年创建的 JS 框架。从名字 jQuery 能看出它的主要作用是查询网页中的标签元素，然后通过 JS 去选择元素，做相应的处理，实现网页的功能和交互性。jQueiy 结合了 HTML 和 CSS 中的很多优点，遵循代码的一致性与对称性进行设计。jQuery 语法简洁并且平台兼容性好，使得前端开发人员能够便捷地遍历 HTML、操作 DOM、完成网页事件处理、网页动画控制及 Ajax 的使用，大大减少了开发人员的工作量。另外，jQuery 还是开源项目。因为这些优点，jQuery 在几年的时间内就拥有了由世界各国顶尖 JS 程序开发人员共同组成的核心开发团队，还有一个全世界众多前端开发人员组成的活跃社区中心，在互联网中得到了广泛的应用。总的来说，jQuery 的主要功能包括：提供高效可靠选择符机制来选择页面元素，能方便地完成页面外观控制和各种页面效果，完全支持 Ajax 使用。JS 常见的开发任务都能用 jQuery 简化处理，从而使 jQuery 在 JS 开发中应用广泛。

jQuery 能够如此成功主要得益于以下优点：

①代码简洁。

jQuery 拥有简洁而又功能强大的选择器，主要用来选择页面元素。以大家在使用 jQuery 开发中最常用的"＄"符为例，其对 DOM、CSS 和 XPath 选择器能提供较好的支持。开发人员还可以定义自己的选择方式。使用"＄"查找元素简便快捷，能适用于很多开发。使用 jQuery 的基本选择器能够方便地定位到页面中某个标签、ID 或某个类的元素，并且比传统写法简洁得多，往往只需一行代码 jQuery 就可以完成一般 JS 中需很多行代码才能完成的任务。jQuery 学习使用难度不高，代码容易掌握理解，某些 jQuery 代码即使没有注释也能轻松看懂。jQuery 的方法是面向集合的，采用隐式迭代使得在需要对选择到的某一类元素进行控制处理操作时，无须遍历内部单个元素，使前端开发效率得到极大提高。jQuery 采用链式语言，在操作某个对象后还会把这个对象返回，在返回的结果(上次操作的对象)上还可以继续调用新的方法。jQuery 链式编程模式的设计使开发时的临时变量减少，极大降低了代码重复率。

②实现前端代码分层。

jQuery 能容易地将页面的结构与行为分离开来，HTML 文件中只需包含页面的结构，所有的交互逻辑都用 JS 语言单独写入 JS 脚本文件，由 JS 脚本文件实现页面行为。

③良好的扩展性。

jQuery 不仅可以作为一个 JS 工具集供开发者使用,还是一套优秀的 JS 解决方案。jQuery 将某些特殊用途制成插件,以防止特性蠕变。开发者可以使用以 jQuery 为基础创建符合需求的 JS 应用框架和小的开发插件,并且 jQuery 有一套 API,可供开发者随意构建个性化定制模块。

(5) Vue.js

Vue.js 是使用 JS 语言编写的一套用于构建用户界面的渐进式框架,最初借鉴 Angular.js 设计,在保留优点之外,又有创新,同时在 Angular.js 中遗留的一些问题也在 Vue.js 中得到解决。Vue.js 被设计为自底向上的逐层应用,理解起来比较简单,入门门槛低,容易上手。Vue.js 是 MVVM 架构模式的最佳实践。MVVM 是 Model-View-View-Model 的简写,是一种前端开发的架构模式,其核心是通过 View-Model 的双向数据绑定,实现视图变化。为保证视图和数据的一致性,开发人员专注于视图编写与数据维护,不需要通过额外的 DOM 操作来实现视图与数据之间的联系,节省了开发时间,提高了开发效率,让前端开发更加高效、便捷。在早期,MVC(Model-View-Controller 的缩写)作为 Web 应用的解决方案,就是模型-视图-控制器,View 层用来把数据以某种方式呈现给用户,Model 就是数据,Controller 接收并处理来自用户的请求,并将 Model 返回给用户,一个标准的 Web 应用是由这 3 部分组成的。前端所需要的数据通常在后端处理好,由 Controller 来处理复杂的业务逻辑,最后在 View 层进行数据展示。随着 HTML5 的火热与兴起,在 View 层也需要处理一下复杂的逻辑,在 MVVM 没出现之前其解决方案是使用 DOM 操作。但频繁的 DOM 操作会影响页面加载的性能,使其变慢,体验度下降。同时,对于需要视图与数据的联动改变,需要烦琐的 DOM 操作,给开发与维护带来了很大的困难。而 MVC 带来的问题被 MVVM 解决。MVVM 由 Model、View、View Model 3 部分组成,Model 层代表数据模型,在 Model 中可以进行一些业务逻辑的操作;View 是指用户能够看到的部分,主要是将数据转化成能够看到的 UI 部分;View Model 是将 View 和 Model 联系起来并同步。在 MVVM 架构下,ViewModel 将没有直接联系的 View 和 Model 进行绑定,Model 数据的变化会影响 View 的变化,而 View 的变化也会影响 Model 的改变。轻量、灵活组件化编程的特点,使 Vue.js 深受开发人员喜爱。很多大中型项目使用 Vue.js 进行开发,Vue.js 研发团队也在不断优化改进,打造良好的 Vue.js 生态环境。

(6)可视化工具 Echarts

Echarts 是使用 JS 实现的开源可视化库,由百度公司研发,并于 2018 年初捐赠给 Apache 基金会。Echarts 可以在计算机端和移动设备上运行,其支持丰富、可交互的可视化图表。Echarts 除了提供各种标准图表之外,还基于地理信息展示地图效果以及三维图表等。Echarts 被广泛应用于各个领域,是实现数据可视化并进行可视分析的首选工具。Echarts 具有丰富的可视化类型并且支持图与图之间的混搭,多种数据格式可无须转换直接使用,能够实现千万数据的前端展现,能够对数据进行多维度数据筛选、视图缩放、展示细节等交互操作,支持多种渲染方式,满足大多数用户的需求。系统主要利用 Echarts 实现指定模块中图表的绘制,并实现与地图的联动,所涉及的图形主要是 3 种最基本的统计图:柱状图、饼状图和折线图。利用 Echarts 可实现所查询数据的统计图绘制,并实现 3 种基本统计图的相互转换。

8.2 平台目标与需求

8.2.1 研发目标

(1)基础数据自动收集:收集计算可达性和协调性的指标对应的基础数据,包括现状年和规划年。

(2)基础数据预处理:对于无法获取数据的时段,构造插值方法进行预测,为规划师提供完整的系列数据,并对获取的基础数据进行标准化等预处理操作,方便后续计算和展示。

(3)可达性和协调性计算子模块构建:可达性和协调性计算较复杂,建立计算子模块可为规划师提供简便的计算途径,并提供图形化计算界面。

(4)基础数据和标定参数展示界面:可达性和协调性模型计算涉及大量原始数据和标定参数,需要进行原始数据和标定参数的对比,方便规划师参考。

(5)输出指标展示界面:可达性和协调性模型计算后可获得大量指标,用于评价区域的可达性、城市交通和国土空间利用的匹配程度等,需要提供相应的展示模块,实现不同分类下的清晰展示。

8.2.2 数据需求

互动评价平台的数据对象主要包括原始数据、预处理数据和计算结果数据,如图 8-10 所示。

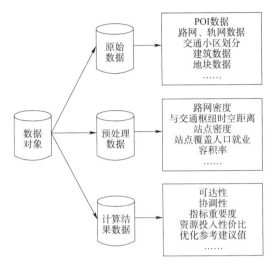

图 8-10　互动评价平台主要数据对象

(1) 原始数据

通过网络机器人、地图服务供应商或其他途径可获取各类型未处理原始数据。部分原始数据(如交通小区划分、公共交通站点等)可直接在对应的算法或模型中使用,但大部分原始数据需要进行加工和处理。

(2) 预处理数据

部分原始数据需要进行加工,以获取多种基础指标数据,如路网密度需要使用路网与划分区域叠加获得;容积率需要使用总建筑面积和建筑底面积获得。部分数据在进行计算前也需要进行预处理,如在进行城市交通和国土空间利用协调性计算时输入的数据需要进行标准化操作。

(3) 计算结果数据

在相应模型进行计算后可获得多种评价数据以及优化参考建议值。部分结果数据还需要进行二次加工,如根据单一协调性的计算结果对不同交通小区进行等级划分。

8.2.3　功能需求

(1) 基础数据采集处理和展示

基础数据采集模块主要具有两个主要功能,即上文中提及的原始数据获取和数据预处理功能,数据预处理又包括基础数据二次加工和数据预读取两个主要功能。基础数据采集处理和展示的用例图如图 8-11 所示。

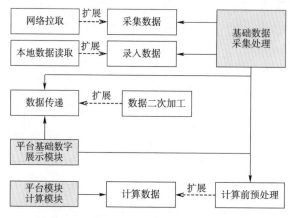

图 8-11　基础数据采集处理和展示的用例图

（2）供需比计算和展示

供需比分析已经在规划行业内得到广泛使用，如基于道路网络或轨道网络的流量和容量数据，进行简单的运算即可得到供需比评价指标。供需比计算和展示的用例图如图 8-12 所示。

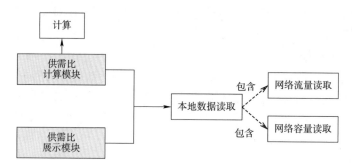

图 8-12　供需比计算和展示的用例图

（3）可达性计算和展示

可达性计算模块由数据读取、基础算法选择和计算、分级、加权计算功能组成。可达性展示模块除了展示选用的可达性值外，还包括对应的分级等级。多种类型可达性计算完成后，将数据附着于交通小区，并进行并列展示，方便用户在交通小区之间、不同可达性指标之间进行对比和参考。可达性计算和展示的用例图如图 8-13 所示。

（4）协调性计算和展示

单一协调性计算的四个主要功能是标准化处理、因子综合值计算、单一协调性函数计算和等级划分。其中,因子综合值是多种交通因子和空间利用因子的综合数值,通过数据预处理、归一化、标准化等多种二次加工方法得到。计算得到的不同交通小区的单一协调性等级会被传输至对应的展示模块进行可视化呈现。单一协调性计算和展示的用例图如图8-14所示。

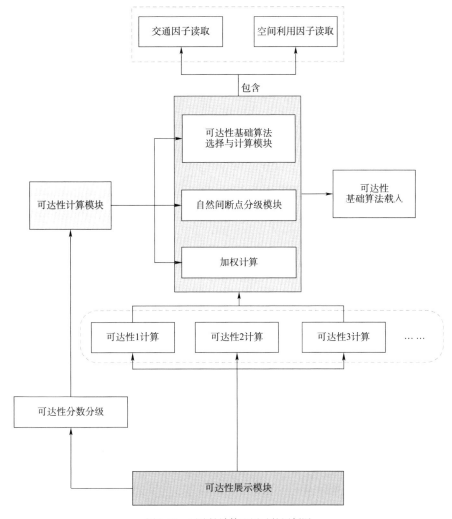

图 8-13　可达性计算和展示的用例图

复合协调性计算的 3 个主要功能为投入产出效率计算、复合协调性计算、评价因子优化参考值计算。交通和国土空间利用因子数据在处理前需要完成数据的清洗、标准化等二次加工。在计算得到投入产出效率和评价因子重要度组合后,对数据包络模型中的线性规划模型进行等价变形、二次求解,获得城市交通、国土空间利用因子标定参数。最后对获得的复合协调性指标进行展示。复合协调性计算和展示的用例图如图 8-15 所示。

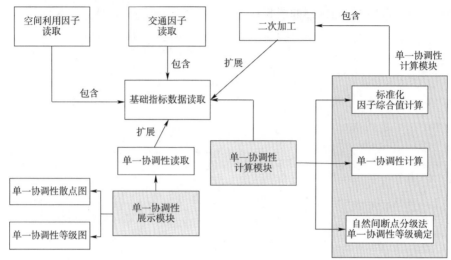

图 8-14 单一协调性计算和展示的用例图

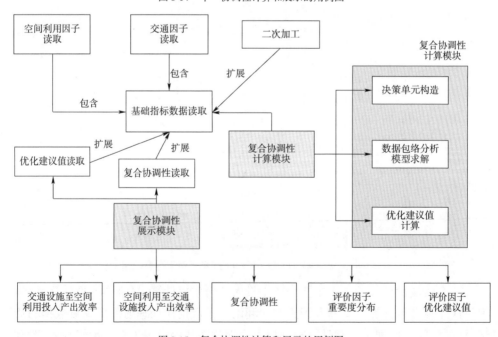

图 8-15 复合协调性计算和展示的用例图

(5) 其他模块

系统需要配置其他必要模块进行支持和辅助,具体包括以下几个方面:①统计数据管理。管理和使用人员可以对系统不同模块产生的数据进行上传或提取,并对数据进行预处理和维护,基础数据和计算结果数据可以生成概况,也可以在系统内进行进一步的数据分析,用于可视化。管理人员也可制定定时抓取任务,对特定数据源进行抓取,将抓取的数据进行存储,并可进行查询与维护。②可视化查询。管理和使用人员可通过可视化界面对分析结果进行图形化和下载,通过交互进行多图管理分析。③安全。需要具备统一的用户身份认证、权限分配等功能;能够提供灵活的基于对象权限和用户角色概念的授权机制;对系统的输入数据,可根据业务要求进行合法性检验;对敏感数据需要全程跟踪,记录改变的时间戳、操作用户及记录改变前的数据;对系统的数据传输支持各种标准的加密算法;对系统的数据存储提供安全备份的原则;按岗位(角色)、部门、用户授权或组合授权;系统应支持前台手工及定时数据备份的功能,数据恢复的功能。④性能。一般性数据保存、修改、删除、导出、上传更新等操作的相应反馈时间最长不应超过 2s,一般控制在 1s 内。⑤可靠。生产系统要支持 7×24h 不间断运行、一年 365 天不间断运行,支持多人并发在线,导出、上传多条记录时可正常运转。系统在用户出现错误操作时能进行提示,并自动停止该操作。⑥可扩展。随着用户数的增长及功能应用的增长,系统应该能够保持足够的稳定性,维持正常的运行。⑦用户界面及操作性要求。具备良好的图形操作界面、统一的表现风格;充分考虑丰富的用户体验,支持用户的拖曳式、单击、悬浮操作;界面样式简约朴素,功能元素清晰明了;错误提示语言通俗易懂,具有指导性。

8.3 平台框架与模块设计

8.3.1 框架设计

(1) 整体功能结构

城市交通与国土空间利用互动评价平台有以下 3 种基本功能:

①数据管理:对计算分析所需的数据进行管理,对计算得到的结果进行储存等。对应的模块除了对本地数据库进行管理外,还负责从网络上定期抓取数据并导入本地数据库。在进行计算前,相关功能会从数据库中导出计算所需的城市交通和国土空间利用数据。

②计算评价:包括数据二次加工、数据预处理、供需比计算、可达性计算、协调性计算和优化参考值计算。数据预处理是对从数据库导出的数据在计算前进行清洗和处理,如缺失值处理、零值负值处理、中心化、标准化等。供需比指标比较简单,只涉及简单的数值计算,经过数据预处理和数据聚合可得到评价结果。可达性计算、协调性计算和优化参考值计算则是基于既有研究理论实现相应算法并加载至相应系统模块实现的功能。

③数据可视化:实现对相关数据的图形化展示和图片生成导出功能。

3种基本功能由4个模块实现,分别为数据收集、数据库构建、计算评价和可视化模块。

系统功能和模块结构如图8-16所示。

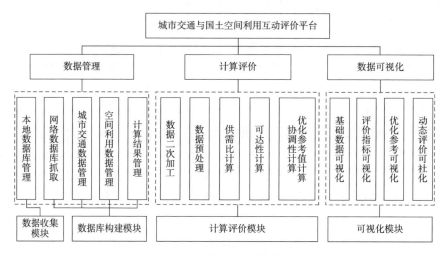

图8-16 系统功能和模块结构

反映到主要客户端界面上,用户可以自行选择和操作5种功能,如图8-17所示。其中,基础信息功能模块主要是对基础数据和计算结果数据进行浏览和对比,并提供更换底层地图的功能,如不同交通小区现状人口密度和匹配性优化后的人口密度优化参考值。供需比功能模块根据道路的流量或轨道的容量直接计算供需比,并进行展示。可达性功能模块主要对不同规划场景(生产空间、生活空间、生态空间)的可达性进行展示。协调性功能模块分为两个模块:单一协调性功能模块主要对交通小区的用地开发规模、城市交通设施规模和发展性等级进行展示;复合协调性功能模块主要对交通小区的投入产出效率、开发和设施匹配程度、优化参考值进行展示。数据管理功能模块主要为用户提供数据上传和导出服务。

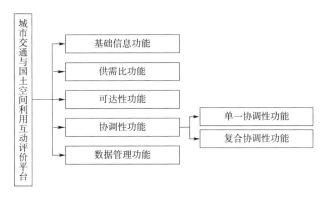

图 8-17 平台界面主要功能

（2）整体流程设计

从内部数据角度出发，本地数据库和网络抓取获得的基础数据经过二次加工和数据预处理得到为计算准备的预处理数据。预处理数据在经过相应计算模块中的模型算法处理后得到结果数据，可视化后在地图上进行映射，根据相应需求计算不同时间节点的可视化数据并进行动态可视化展示和分析。平台整体流程如图 8-18 所示。

（3）整体技术分层框架

各种平台功能模块和数据库将同时配置在一个局域网范围内的服务器上，其中数据库可用于储存各计算模块运行时产生的数据，各计算模块可以自由地与数据库中的数据进行交互。互动评价平台采用 B/S 模式进行开发，自下而上依次分为数据层、服务层、表现层和客户端层。平台整体技术分层框架如图 8-19 所示。

①数据层是平台的基础部分，也是平台功能实现的重要组成部分。其主要任务是设计和构建一个综合的空间属性数据库，可采用 MySQL 或 PostgreSQL 数据库。为方便空间查询，增加查询效率，本平台采用 PostgreSQL 数据库对基础数据进行获取。

②服务层用于实现平台所需要的技术及服务，通过 Ajax 技术进行客户端和服务器的交互操作。服务层主要包含地图加载、基础 Web 服务和数据处理、模型计算等主要业务模块 3 部分内容，负责接收客户端的请求进行计算、地图数据处理和可视化。地图加载服务从地图服务商提供的 API 接口调用和加载基本地图，并将计算结果匹配至相应交通小区，最后调用平台的可视化模型进行数据可视化。Web 服务器采用 IIS 负责托管 Web 应用程序和服务，并部署外部网络访问，响应客户端请求操作，将结果转化为 JSON、图片等形式的数据，返回地理数据或者数据处理结果，供用户浏览。

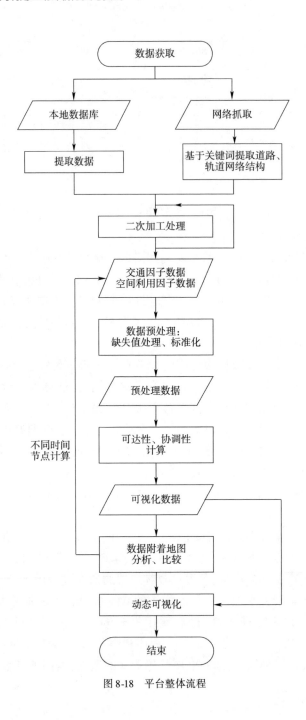

图 8-18 平台整体流程

8 城市交通与国土空间利用互动评价平台

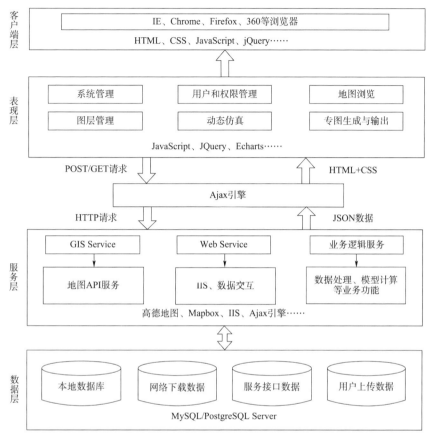

图 8-19 平台整体技术分层框架

③表现层主要是利用 jQuery 框架与客户端用户进行交互,通过几个可视化模块的协同及可视化交互对计算产生的结果实现可视化,并接受用户交互,反馈到表现层重新查询或计算。

④客户端层对应 Web 浏览器。安装 Web 浏览器客户端后,根据系统账号和密码登录互动评价平台,可实现平台的功能。所用到的技术主要有 HTML、CSS 和 JavaScript。

8.3.2 数据收集模块设计

(1) 抓取网页分类

网络机器人抓取的目标是网页中的特征信息。网络机器人根据指定的 URL 队列对队列中的网页进行顺序抓取。为了在抓取过程中分辨网页状态,解决重复抓取和网页更新抓取问题,需要从网络机器人的角度对抓取目标进行分类,将抓取目标分为已抓取网页、待抓取网页、可及网页和不可及网页。网页分类如图8-20所示。

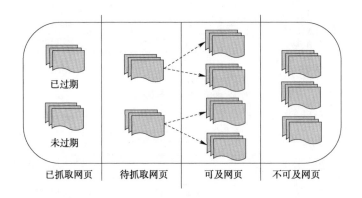

图 8-20 网页分类

①已抓取网页是指已经通过网络机器人的抓取下载并保存到本地的网页。由于互联网上的内容是动态变化的,因此不同时刻的互联网内容是不同的,用户只能获取当下时刻的信息,而不能获取历史数据。已下载网页实际上是作为互联网网页的一个本地备份存在的,能够为用户提供历史数据。已抓取网页分为过期网页和未过期网页。过期网页是指互联网上的网页已经与本地网页不同,产生了变化,这时本地的网页就已经过期了,作为最新网页的一个历史而存在。如果已经下载的网页依然与当前互联网上的网页内容保持一致,则是未过期网页。

②待抓取网页是指在 URL 队列中等待被抓取的网页。如果抓取成功并且内容符合用户选定的主题,则待抓取网页转化为已抓取网页。

③可及网页是指目前不在待抓取的 URL 队列里,但是可通过对已抓取网页和待抓取网页的解析而获得其 URL 的网页。可及网页是潜在的待抓取网页,在满足一定条件时可被抓取。

④不可及网页是指除了以上类型的网页之外,广泛存在于互联网上的其他网页都是不会被网络机器人抓取的网页。

(2) 抓取策略

网络机器人系统中对于待抓取 URL 队列的设计是一个非常重要的部分。待抓取 URL 队列设计的主要问题是采取怎样的排序。即排序决定了页面的先后抓取顺序。因此,解决待抓取 URL 队列中 URL 排序问题的方法就是抓取策略。

网络机器人的抓取策略根据遍历方法的不同分为广度和深度优先策略两种。

将网页之间的结构抽象成一个树状结构,每个网页代表一个节点;网页之间的引用关系抽象为根节点与叶子节点的关系;初始网页作为根节点,最深层页面作为叶子节点。深度优先策略是指网络机器人从根节点开始,在搜索其余节点之前,必须先完整地搜索单独的一条链,直到搜索到叶子节点不能再深入为止,然后返回根节点同样深度遍历,依次循环。广度优先策略是指将某一层上的所有节点都遍历之后再遍历下一层节点。按深度优先策略进行遍历的顺序:A→B→E→F→C→D。按广度优先策略进行遍历的顺序:A→B→C→D→E→F。网络机器人广度优先抓取策略如图 8-21 所示。由于深度优先策略会优先往深处搜索,如果不加限制可能会沿一条路径无限扩展下去。因此,在使用深度优先策略时需要设定一个合适的深度,到达这个深度时便不再往下搜索,以提高效率。

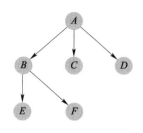

图 8-21 网络机器人广度优先抓取策略

除了深度优先策略和广度优先策略,还需辅以主题策略。与传统的网络机器人相比,面向主题的机器人策略在抓取网页时会判断所抓取的当前网页是否与用户事先设定的主题一致,只有相似度到达预设的水平时机器人才会抓取网页。这样可使抓取内容更加深入与专业,更加符合行业情况。应在数据搜集的初期就过滤掉不相关的信息,以提高平台效率,节省资源。

(3) 网络机器人抓取流程

通用网络机器人的基本抓取流程如下:

①用户选取一部分初始 URL。
②建立待抓取 URL 队列与已抓取 URL 队列。
③按顺序将一个初始 URL 放入待抓取 URL 队列。
④读取 URL,下载对应的网页到数据库中。
⑤将 URL 放入已抓取 URL 队列。
⑥按照抓取策略选择新的 URL 进入待抓取队列。

如此循环,直到所选初始的 URL 及所包含的 URL 按规定的遍历深度及抓取策略完成抓取任务。通用网络机器人抓取流程如图 8-22 所示。

与通用网络机器人基本流程相比,面向主题的网络机器人抓取流程加入了主题相关性判断这一环节。在按照抓取策略选择新的 URL 时,需判断该 URL 是否与主题相关,只有相关性达到预设值时才会下载网页,并根据相关性确定优先级,将优先级较高的 URL 放入待抓取 URL 队列面向主题的网络机器人抓取流程如图 8-23 所示。

城市交通与国土空间利用互动评价方法与实践

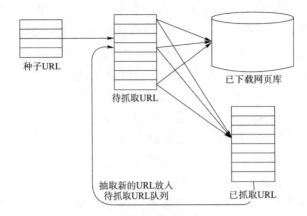

图 8-22　通用网络机器人抓取流程

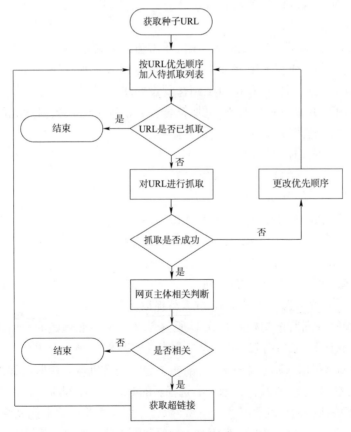

图 8-23　面向主题的网络机器人抓取流程

8.3.3 数据库模块设计

(1)数据库设计流程

为了使平台能够高效运行,需要对平台数据库结构进行设计。设计流程分为以下6个步骤:

①数据需求分析:根据业务流程以及用户需求,确定所需要的数据信息,明确数据的类型、数量及范围。

②概念模型设计:根据用户需求将数据抽象化建立数据概念模型,即 E-R 模型图。

③逻辑结构设计:将数据概念模型转化为数据库表格,以逻辑模式进行表达。

④物理结构设计:根据数据库的逻辑结构及系统需求选择数据在物理介质上的存储结构、方法及路径。

⑤数据库建立:根据以上步骤建立数据库,并将数据导入数据库,进行调试。

⑥数据库运行与维护:数据库调试完成后投入运行,并进行数据维护,定期对数据库的质量进行检查,发现问题及时调整和修改。

数据库设计流程如图 8-24 所示。

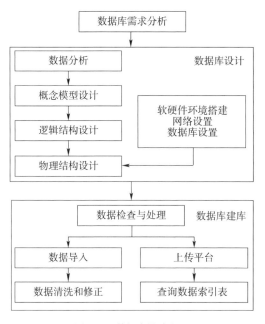

图 8-24 数据库设计流程

(2)概念模型设计

概念模型是对复杂现实世界的抽象,通过归纳互动评价平台所使用和输出的数据内容,确定模型与实体对象、属性之间的联系,最后形成实体-关系图,即 E-R 模型。互动评价平台使用的数据库主要包含基础地理数据库、仿真展示平台数据库、因子数据库和输出指标数据库。概念模型设计流程如图 8-25 所示。

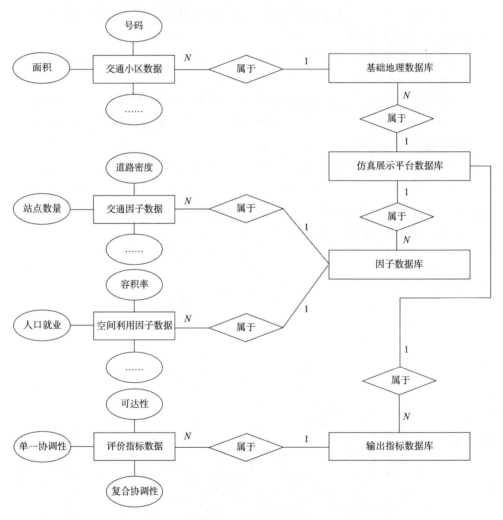

图 8-25 概念模型设计流程

平台还需另设计一个用户数据库,用于保存用户登录、权限和操作日志,即一个用户可以拥有具备多个功能模块的权限,属于一对多关系。

(3)逻辑结构设计

逻辑结构设计是将概念模型 E-R 模型转换为数据库支持的逻辑结构。互动评价平台数据库包含图形和属性数据库。

①图形数据库

逻辑结构所涉及的图形数据主要包括交通小区属性和边界数据以及研究区范围面数据,用图形数据库(Geographical Database,GBD)模式进行存储和管理。

②属性数据库

属性数据库是以属性表的形式存储在关系型数据库中,将交通小区编号字段作为数据关联的主键,实现因子数据、输出指标数据与图形数据的关联,其他表属性信息则作为外键。

(4)物理结构设计

物理结构主要设置的数据表有交通小区信息表、交通因子信息表、国土空间利用因子信息表和输出指标信息表,见表8-2~表8-5。

交通小区信息表(部分)　　表8-2

序号	字段名称	字段含义	字段类型	字段长度
1	xqcode	小区编号	Int	32
2	dis	所属行政区	Char	16
3	distcode	行政区编号	Int	64
4	Area	面积	Double	64
5	Centroid_X	质心纬度	Double	64
6	Centriod_Y	质心精度	Double	64

交通因子信息表(部分)　　表8-3

序号	字段名称	字段含义	字段类型	字段长度
1	xqcode	小区编号	Int	32
2	METRO_COVER_RATIO_500	小区轨道站点500m覆盖人口就业面积比	Double	64
3	METRO_COVER_RATIO_1000	小区轨道站点1000m覆盖人口就业面积比	Double	64

续上表

序号	字段名称	字段含义	字段类型	字段长度
4	METRO_POP_1000	小区轨道站点1000m覆盖人口	Double	64
5	METRO_EMP_500	小区轨道站点1000m覆盖就业	Double	64
6	METRO_LINE_NUM	小区内轨道线路数	Double	64
7	RAIL_DENSITY	小区内轨道线路密度	Double	64
8	BUS_LINE_NUM	小区内常规公交线路数	Double	64
9	BUS_DENSITY	小区内常规公交线路密度	Double	64
10	ROAD_DENSITY	路网密度	Double	64

国土空间利用因子信息表（部分） 表8-4

序号	字段名称	字段含义	字段类型	字段长度
1	xqcode	小区编号	Int	32
2	POPDEN	人口密度	Double	64
3	EMPDEN	就业密度	Double	64
4	VPlotRatio	容积率	Double	64
5	P_PERCENT	生产地块面积比	Double	64
6	L_PERCENT	生活地块面积比	Double	64
7	E_PERCENT	生态地块面积比	Double	64

输出指标信息表（部分） 表8-5

序号	字段名称	字段含义	字段类型	字段长度
1	xqcode	小区编号	Int	32
2	LU2T_OE	交通设施至空间利用投入产出效率	Double	64
3	T2LU_OR	空间利用至交通设施投入产出效率	Double	64
4	COOR_RATIO	复合协调度	Double	64
5	LU_DL	空间利用综合值	Double	64
6	TRAFFIC_DL	交通设施综合值	Double	64
7	DL	单一协调度	—	—

续上表

序号	字段名称	字段含义	字段类型	字段长度
8	ACCESSIBILITY_1	可达性1	Double	64
9	ACCESSIBILITY_2	可达性2	Double	64
10	ACCESSIBILITY_3	可达性3	Double	64

8.3.4　计算评价模块设计

(1)基础数据处理

基础数据处理分为两部分:二次加工处理和数据预处理。二次加工处理主要针对需要二次计算获得的评价因子,如路网密度、容积率等,此类因子需要先获取路网结构、建筑矢量等原始数据,再结合划定的交通小区计算获得。

数据预处理包括3个主要内容。

①特殊数值处理和缺失项处理。

特殊数值处理指的是在使用某些模型进行计算前,首先对数据中满足某些条件的数值进行批量处理,以满足模型的使用条件。数据包络分析模型对非正值处理能力较差,需要对空间利用因子中出现的0值进行处理,使用基本没有影响的非常小的数进行填充。由于部分数据来源不稳定,有部分评价因子不能收集到完整数据,导致数值缺失。数据收集和模型计算以交通小区为单位。对于这些缺失项,根据交通小区所处场景的不同,有以下几种处理方法:

特殊值填充。对于包含数据缺失项的交通小区,选择0值或者该因子的最大值进行填充。此类填充方法适用于完全位于城市中心或城市远郊区域的交通小区,在推测网络、社会活动等具备较为明显现实特征的评价因子缺失具体数值时使用。

平均值填充。对于包含数据缺失项的交通小区,选择该因子的平均值进行填充。此类填充方法适用于位于城市近郊区域的交通小区,在推测网络、社会活动等具备较为明显的现实特征的评价因子缺失具体数值时使用。

热卡填充。对于包含数据缺失项的交通小区,找到与该交通小区最相似的另一交通小区,使用另一交通小区相同因子的对应数值对缺失项进行填充。

地理最近邻填充。对于包含数据缺失项的交通小区,找到该交通小区最近邻的多个交通小区,使用这些小区相同因子对应数值的平均值对缺失项进行填充。

②量纲影响消除。

在计算前按单一协调性的计算方法,基于交通小区,对输入因子进行 Box-Cox 变换和最小值、最大值归一化。

③插值预测。

由于不可能获取未来所有时间节点各交通小区各项因子的具体数值,通过获取或精确预测未来重要时间节点的因子数值,对未来时间节点部分无法获取集体数据的因子进行插值预测。

基础数据处理模块设计框架如图 8-26 所示。

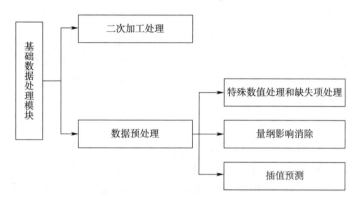

图 8-26 基础数据处理模块设计框架

(2) 供需比计算

供需比计算包括两个主要步骤:读取交通网络流量和容量和计算供需比。供需比计算模块设计流程如图 8-27 所示。

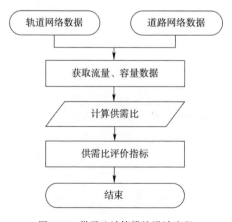

图 8-27 供需比计算模块设计流程

8 城市交通与国土空间利用互动评价平台

(3) 可达性计算

可达性计算包括 3 个主要步骤:评价因子选取、因子分值和分组分值计算、可达性值计算和等级划分。可达性计算模块设计流程如图 8-28 所示。

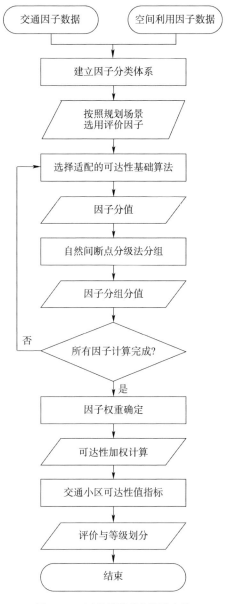

图 8-28 可达性计算模块设计流程

(4)协调性计算

①单一协调性计算

单一协调性计算包括4个主要步骤:因子预处理和加权、因子综合值标准化、坐标组成和单一协调性计算、自然间断点分级完成等级划分。模块设计流程如图8-29所示。

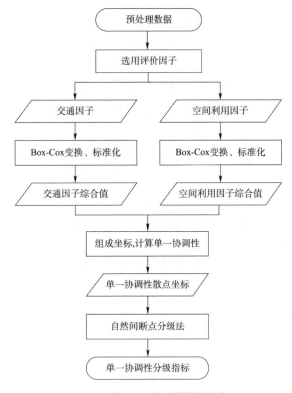

图8-29 单一协调性计算模块设计

②复合协调性计算

复合协调性计算包括4个主要步骤:决策单元构造、数据包络模型求解、数据包络分析模型等价变换求解其他指标、结果评价和等级划分。模块设计流程如图8-30所示。

8.3.5 可视化模块设计

(1)界面主要的用户交互方式

平台的视图窗口主要提供选择、缩放、平移、过滤、关联、概览和细节等功能。

8 城市交通与国土空间利用互动评价平台

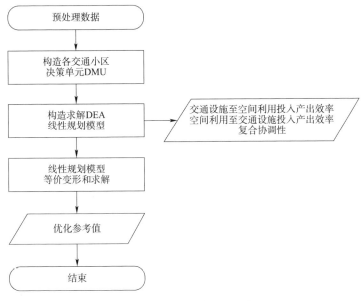

图 8-30 复合协调性计算模块设计流程

①选择：通过鼠标或其他交互硬件对数据对象进行选择。选择是一种常用的交互技术，当面对大量的数据时，用户可以对自己感兴趣的部分进行标记，便于追踪查看。例如，可对选择的对象进行提示信息的展示，或者结合其他交互技术进行特殊处理。

②缩放：对某个平面区域进行放大或缩小。当对某一区域进行放大时，所看到的对象数量会减少，但是被放大区域内的对象会变大，这样能够看到更多的细节。反之，对某一区域进行缩小，用户可看到更多的对象，但每个对象会变小，这样能够掌握宏观现象。

③平移：使视图沿着某个平行的方向移动。比如，对于横纵坐标较长的地图，可沿着横纵轴对整个视图进行左右或上下移动，以展示更多的数据。

④过滤：通过一系列约束条件的设定实现信息的查询。这也是各类查询系统通用的一种方法，通过各种条件组合过滤掉无关对象，查找用户关注的对象。

⑤关联：通过多种可视化视图对统一对象进行描述。通过多图的关联，用户能更加方便地查看同一对象的各类属性，或者以不同的分析角度对统一对象进行分析。

⑥概览和细节：在可视化空间有限的情况下同时显示概览和细节。该方法本质上是缩放、平移、过滤、关联等交互技术的融合。可根据用户的需求进行设计，使得用户既能够总揽全局，又能够明察细节，还能从不同角度去分析不同视图。

181

(2)登录界面设计

打开浏览器,输入网址,进入登录界面,用户必须输入正确的用户名和密码才可进入平台,并执行具有权限的系统功能模块。

用户的登录账号和密码由后台统一封装。前端通过网址进行平台登录,若数据库中找到相匹配的用户名和密码则用户登录成功,服务器端返回该用户的相关属性,并确定用户的角色和操作权限。若数据库中未搜索到相关的用户名或密码,则说明该用户不属于平台用户。页面通过 Ajax 技术实现页面的异步更新,重新刷新并返回原始登录界面。

(3)主界面设计

主界面设计是平台详细设计的重要组成部分,而良好的界面设计有利于平台的推广和使用。城市交通和国土空间利用互动评价平台是基于 B/S 模式进行开发的,其客户端为标准 Web 浏览器。选择 jQuery 来实现系统的界面布局,可以大大缩减页面代码,提高页面的浏览速度,缩减系统开发成本,方便用户与平台之间的交互。

用户可以直接独立使用互动评价平台,也可以将该平台整合到既有网站平台。平台的主要内容在其他网站信息下方,其右上角显示用户登录信息及退出按钮,用户需要一定的权限才能实施一定的操作或查看对应评价。平台主界面设计如图 8-31 所示。

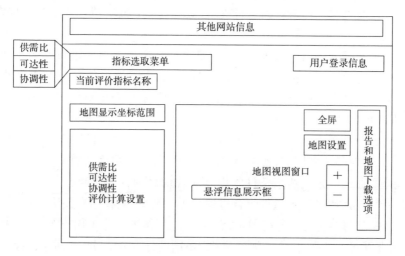

图 8-31 平台主界面设计

(4)主要菜单设计

主界面左上角显示指标选取菜单,用户可以通过菜单选取可达性或协调性指标。指标选取菜单下方为某个评价指标的名称,表示当前进入的指标评价子系统。指标选取菜单中还应包括其他指标的选项卡,对应系统中各个计算模块、选项卡对应的模块。平台主要菜单选项卡设计如图8-32所示。

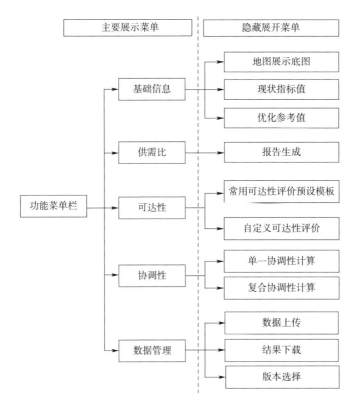

图8-32 平台主要菜单选项卡设计

主界面或菜单需要提供相应功能,以便进行数据的动态更新。用户将数据预先整理成数据库所对应的格式后,通过相应功能上传文件并导入数据库。若上传成功,则会更新地图信息。

(5)输入因子选取界面设计

在选取可达性和协调性的评价指标因素界面提供可增删选项卡,用户可按照需求自行增加或删除评价时所使用的输入因子,如图8-33所示。

同时,每个选取输入因子的选项卡还可以进一步展开,方便用户查看输入因子数据的基本特征,下载大致预览图,如图8-34所示。

图 8-33　输入因子选择界面　　　　图 8-34　输入因子分布查看示意图

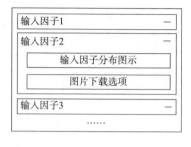

(6) 评价结果地图设计

供需比、可达性或协调性评价指标计算完成后,将空间叠加到市域范围的地图并进行展示。除了基本的地图、图例、色块等基本要素,随着指针在地图上移动,屏幕还会在不同的区域显示具体的评价指标数值,并显示多个关联度较高的评价指标或输入因子数值,方便用户进行直接参考和对比。另外,地图下方为用户提供数据和报告下载功能,便于用户直接导出当前界面显示的数据和结果。评价结果和地图示意图如图 8-35 所示。

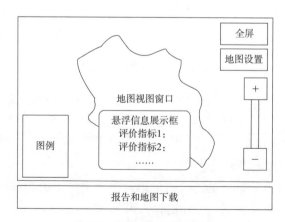

图 8-35　评价结果和地图示意图

8.4 平台可视化模块

8.4.1 登录界面实现

登录界面实际效果如图 8-36 所示。

8.4.2 主界面实现

整个功能界面主要由地图显示坐标范围、指标评价计算设置和地图视图窗口 3 部分组成。地图显示坐标范围栏目可以动态显示用户滑动地图的范围，也可直接输入坐标或具体地址对地图显示范围进行精准控制。

图 8-36　登录界面实际效果

地图视图窗口除了显示最基本的底图和评价指标分布图，还应具备放大缩小、底图选择、显示指标选择、全屏显示等必备功能。地图可随光标单击拖拽或随鼠标滚轮放大或缩小，鼠标悬浮在特定区域会出现悬浮信息展示框，展示对应地理位置的关键信息。底图采用高德、MapBox 等地图开放平台的在线地图服务，通过调用相关 Web API 接口实现；地图上的数据面要素显示通过 JS 使用 HTTP 调用数据并返回处理结果实现。平台主界面显示效果如图 8-37 所示。

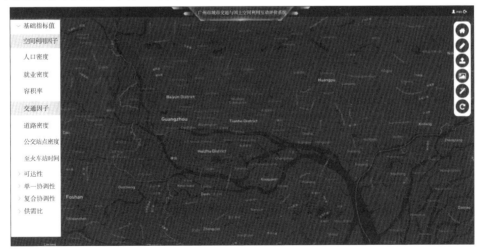

图 8-37　平台主界面显示效果

平台主界面左下角显示评价指标计算设置,通过该设置可以选择评价使用的指标、评估年限、评分区间等。首先,根据选择的评价指标,用户可以自定义可达性的显示图例,同时选择预测年限,并突出与基准年的相对变化。其次,用户可以自行选择用于评价的指标,并在选择的时候查看选用指标在地图上的数值分布,还可与其他指标同时对比。此外,不同因子得到的评价指标之间也可以直接进行对比。评价指标计算设置展示效果如图8-38所示。

图8-38　评价指标计算设置展示效果

平台主界面右下角显示评价结果下载选项。通过该选项入口,用户可直接下载期望格式的完整可达性报告、可达性区域地图、可达性计算报告,如图8-39所示。

8 城市交通与国土空间利用互动评价平台

报告和地图下载

图 8-39 评价结果下载选项

在选取可达性和协调性的输入因子右下角界面,还有可增删选项卡。用户可按照需求自行增加或删除评价时所使用的输入因子,如图 8-40 所示。同时,每个选取输入因子的选项卡还可进一步展开,方便用户查看输入因子数据的基本特征,下载大致预览图,如图 8-41 所示。

您所选的指标因素

公共交通一定时间范围内覆盖居住人口(万人)	− +
公共交通一定时间范围内覆盖就业岗位(万个)	− +
公共交通到铁路枢纽平均出行时间(min)	− +
常规公交站点数量	− +
	− +

图 8-40 输入因子选择界面展示效果

在计算常用供需比指标后,平台支持报告生成和结果导出功能。供需比计算和分析功能界面实际效果如图 8-42 所示。

可达性由于具有多种类型且相互之间可进行对比,除了直接在地图上呈现外,同样提供鼠标悬浮至特定交通小区上会出现指标比较信息框的功能,左下方有图例展示大致数值范围。可达性界面展示效果(局部)如图 8-43 所示。

单一协调性展示内容包含交通和国土空间利用综合值以及两者计算得到单一协调性后对应的等级。当鼠标移动到特定的交通小区上时,会同时显示坐标和对应的分组编号;左下角为对应的图例单一协调性等级界面展示效果(局部),如图 8-44 所示。

187

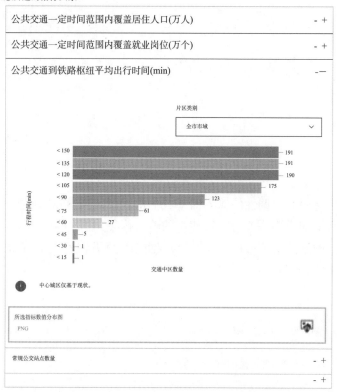

图 8-41 输入因子分布查看示意展示效果

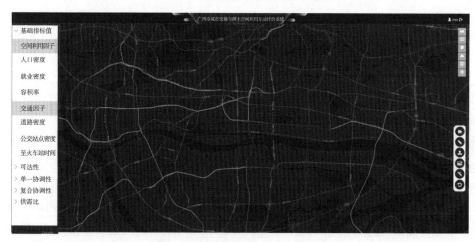

图 8-42 供需比计算和分析功能界面实际效果

8　城市交通与国土空间利用互动评价平台

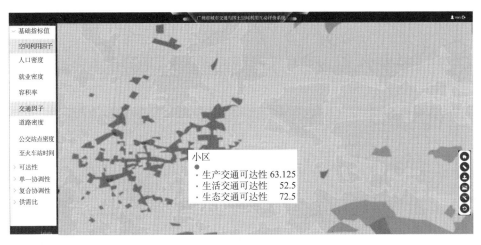

图8-43　可达性界面展示效果(局部)

图8-44　单一协调性等级界面展示效果(局部)

复合协调性计算结果包括国土空间利用至交通投入产出效率、交通至国土空间利用投入产出效率和复合协调性,此外还有输入因子重要度和优化建议值。鼠标悬浮至特定交通小区上会出现评价指标比较信息框的功能,左下方有图例展示大致数值范围。复合协调性和优化参考值界面展示效果(局部)如图8-45所示。

8.4.3　单机版本实现

除了用于服务器部署的自动化程序和可视化界面之外,在部分场合,如数据保密等,如果用户希望不使用平台的计算分析模块进行处理,可以选择单机离线版本软件,输入因子,计算评价指标并输出评价指标;如需要可视化效果,用户可自行上传评价结果至平台。以复合协调性的计算软件为例,可视化界面如图8-46所示。

图8-45　复合协调性和优化参考值界面展示效果(局部)

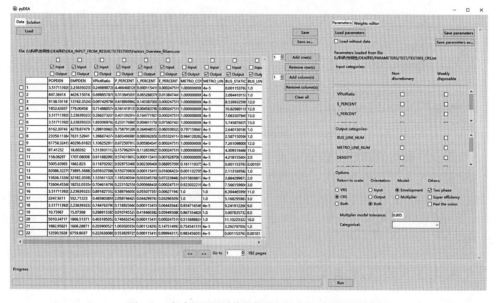

图8-46　复合协调性计算软件的可视化界面展示效果

本章参考文献

[1] 任磊,杜一,马帅,等.大数据可视分析综述[J].软件学报,2014,9(25):1909-1936.
[2] 蔡寅.基于ASP的政府网站开发[D].南京:南京理工大学,2013.
[3] 孙素华.Dreamweaver CS5,Flash CS5,Photoshop CS5网页设计从入门到精通:中文版[M].北京:中国青年出版社,2011.
[4] 梅洛尼.HTML与CSS入门经典[M].姚军,译.8版.北京:人民邮电出版社,2011.
[5] 曾锋.基于Node.js和开源技术的WebGIS研究与实现[D].南昌:东华理工大学,2017.
[6] 肖凯提·买苏提.基于WEB的高校设备管理系统的设计与实现[D].大连:大连理工大学,2007.
[7] 黄兢.基于jQuery框架的Web前端系统构建方法的研究与应用[D].北京:北京邮电大学,2012.
[8] 过晓娇.基于Java EE和JQuery的高校教材管理系统设计与开发[D].广州:中山大学,2012.
[9] 林潇.移动Web端网站无障碍人工检测系统的设计与实现[D].杭州:浙江大学,2018.
[10] 倪兴国.农业统计数据可视化系统设计与实现[D].保定:河北农业大学,2018.
[11] 火圣昌.ETC交通WebGIS可视化系统设计[D].兰州:西北师范大学,2016.
[12] 赵沛.ArcGIS API For JavaScript开发技术研究[D].大连:辽宁师范大学,2015.
[13] 胡琳.基于WebGIS的多源空间数据资料服务系统设计与实现[D].北京:中国地质大学,2018.
[14] 王崇,刘勇.基于专业词典的带词长的中文分词技术的研究[J].科技信息,2012(34):188-189.
[15] 许金霞.基于WebGIS棉花虫害监测系统平台研发[D].石河子:石河子大学,2017.

[16] CHARNES A, COOPER W W, RHODES E. Measuring the efficiency of decision making units [J]. European Journal of Operational Research, 1978, 2(6): 429-444.

[17] CHARNES A, COOPER W, LEWIN A Y, et al. Data envelopment analysis theory, methodology and applications [J]. Journal of the Operational Research society, 1997, 48(3): 332-333.

9 总结与展望

新一轮国土空间规划更加注重新观念、新技术和新业务,以促进精准落地,推动城市现代化治理水平的不断提高。空间管控分析方法和多要素协同机制要求城市交通与国土空间利用的互动关系受到重视,通过充分理解城市交通与国土空间利用各阶段协同的要点,推动新技术在国土空间规划中的应用,由近及远地逐步落实我国城市交通与国土空间利用的互动。

本书围绕城市交通与国土空间利用互动模型理论与方法开展了系统的研究,在丰富互动评价技术工具方面进行了积极探索,提出了城市交通与国土空间利用互动评价系统的整体框架,总结了可达性评价和协调性研究两个技术工具的既有理论方法与以往的实践案例。结合广州的实践经验,对上述两种技术工具进行了改进和验证,开发了城市交通与国土空间互动评价平台,为规划师能够编制更科学、更能落地的规划提供支撑。

9.1 总结

(1)提升交通规划在国土空间规划体系中的地位

城市规划编制体系中,交通规划作为专项规划,包含在城市规划中,由于缺乏针对性的法规保障,交通规划一直属于非法定规划范畴,其作用的发挥受到了较大影响。近年来,城市交通规划的编制体系逐步建立和完善,地位也渐次提高。国土空间总体规划中的"三区三线"划定后,城乡发展空间整体全面进入"存量时代",需要加快形成"内涵式集约型绿色化的高质量发展"新路子,应明确交通规划是国土空间规划体系中最具综合性、系统性的专项规划定位,积极探索新时代交通规划的编制层次,做好与国土空间规划体系的对接,将交通规划纳入法定规划范畴。只有切实提升交通规划在国土空间规划体系中的地位,才能真正实现交通规划和国土空间规划的高质量互动。

(2)交通与国土空间利用互动将在城市高质量发展阶段起到重要作用

目前,我国经济正处于从高速发展向高质量发展的转型期。发展阶段的变化要求传统的各类空间规划统一到全新的国土空间规划体系之中,促进形成生产空间集约高效、生活空间宜居适度、生态空间山清水秀,安全和谐、富有竞争力和可持续发展的国土空间格局。现阶段应充分利用更高质量的数据资源和日新月异的数据处理技术,深入挖掘城市交通与国土空间利用互动机理,丰富互动评价技术工具,率先指导大城市由增量扩张向存量优化转变,支撑空间功能完善、结构优化以创造更高的空间价值,合理确定各类城市交通设施的发展目标,守好城市交通安全底线,提高交通资源配置水平,科学规划交通设施规模、标准,使交通需求与资源环境承载能力相适应,营造宜居韧性智慧城市,满足人民群众多样化、高品质出行需求。

(3)新时代规划实践急需科学的交通与国土空间利用互动评价模型

交通与土地利用互动模型(如 Lowry Model)的研究起源于 20 世纪 60 年代的欧美国家,于 90 年代引入我国,但模型构建理念、数据质量等基础条件与当时的城市发展阶段特征均不吻合,导致我国交通与土地利用互动研究停滞不前。传统规划技术工具的总体特征属于被动满足型,仅仅注意了满足交通需求,而无法从城市整体出发,未综合考虑国土空间利用、环境影响和能源消耗等问题。目前,国内外交通与国土空间利用互动模型的相关研究仍然停滞在理念和案例分析与总结阶段,尚未形成一套可以指导实践的规划理论体系,尤其缺少适应中国城市特点的互动评价模型,指导城市在存量发展阶段主动引导供需发展,实现社会效益最大化,推动城市走上可持续发展的道路。

9.2 展望

(1)可达性评价应尽快制定标准

城市开始进入高质量发展阶段后,可达性评价的科学性和适用性已在政府、学术界和行业中形成共识。可达性评价存在交通工程学科和城乡规划学科的跨界难度,需要更多水平高、能力强的专家团队参与进来,形成合力。近年来,关于可达性评价的新方法不断涌现,国内高校和规划部门都在积极探索,将可达性评价应用于国土空间规划体系内的各类场景,但可达性评价的技术方法一直没有一个统一的标准。为此,亟需建立可达性评价的标准,将其纳入政府正式发布的制度,在自上而下的规划实施和监督管理环节中发挥引导作用。

(2)协调性研究有待进一步深化

协调性研究是广交研编写团队积极响应交通与国土空间规划协同发展的创新性尝试。囿于大部分编制组成员的专业背景为城市交通规划,对于国土空间利用巨系统的本质以及其作用交通的机制理解还远远不够。与可达性相比,协调性的国内外研究更为发散,也没有一个国家或地区将其纳入法规。但从加强交通与国土空间利用互动的科学性出发,协调性有其研究的必要性和迫切性,未来研究可引入资深的城乡规划团队,多因素考量、多学科交叉,完善定量分析方法,增强结论的可靠性和稳定性,不断挖掘两者的互动机理,与可达性相互印证,切实提高交通与国土空间利用互动的科学水平。

(3)构建适应国情的一体化模型是规划界孜孜不倦的追求

在我国各大城市都逐一陷入状况频发的各种"城市病"的时候,借鉴其他国家经验的同时,能否与我国的实际状况相结合,因地制宜,很大程度上对解决我国"城市病"有重要影响。为适应新时代的发展需求,需要对规划的核心,即规划决策进行反思。未来,应结合我国基本国情,以利益相关者、环境、过程和规划制度等为切入点,对存在的问题及原因进行分析,建立符合国情的一体化模型,为提高我国国土空间规划决策水平提供支持。需率先建立综合的数字化平台,厘清数据、模型、城市辅助决策系统三个层次的具体内容,包括全时空、全要素覆盖城市交通与国土空间利用的数据支撑层,空间利用与交通互动的可达性、协调性等模型算法层,服务国土空间和交通规划辅助决策的应用支撑层,最终通过协同规划仿真平台的信息化建设,定量化支撑规划编制和审批分析、评价、预测、预警、反馈的全流程机制,全面提升国土空间和交通规划流程效率与数智化水平。